书山有路勤为径,优质资源伴你行
注册世纪波学院会员,享精品图书增值服务

STRUCTURED WORKING METHOD

结构化工作法

让目标高效落地，完美达成

李忠秋 齐海林·著

电子工业出版社
Publishing House of Electronics Industry
北京·BEIJING

未经许可，不得以任何方式复制或抄袭本书之部分或全部内容。
版权所有，侵权必究。

图书在版编目（CIP）数据

结构化工作法：让目标高效落地，完美达成 / 李忠秋，齐海林著. —北京：电子工业出版社，2023.1
ISBN 978-7-121-44500-2

Ⅰ.①结… Ⅱ.①李…②齐… Ⅲ.①工作方法 Ⅳ.①B206

中国版本图书馆 CIP 数据核字（2022）第 209012 号

责任编辑：杨洪军
印　　刷：河北虎彩印刷有限公司
装　　订：河北虎彩印刷有限公司
出版发行：电子工业出版社
　　　　　北京市海淀区万寿路 173 信箱　邮编 100036
开　　本：720×1000　1/16　印张：13.5　字数：260 千字
版　　次：2023 年 1 月第 1 版
印　　次：2025 年 6 月第 7 次印刷
定　　价：59.00 元

凡所购买电子工业出版社图书有缺损问题，请向购买书店调换。若书店售缺，请与本社发行部联系，联系及邮购电话：（010）88254888，88258888。
质量投诉请发邮件至 zlts@phei.com.cn，盗版侵权举报请发邮件至 dbqq@phei.com.cn。
本书咨询联系方式：（010）88254199，sjb@phei.com.cn。

前　言

常有人说：我懂得这么多道理，为什么还是过得不好？

马克·吐温的回答很有意思："你挣得了安适的睡眠，你就会睡得好；你挣得了很好的胃口，你就会吃得很香。无论怎样，你得规规矩矩老老实实地挣一样东西，然后才能享受它。你决不能先享受，然后才来挣得。"

你发现了吗？马克·吐温说的是"挣得"，而不是"懂得"。

懂得，是知道真理，是明白真理就在那里；挣得，是实践真理，是检验真理是否真在那里。

对大部分人都有效的真理有哪些呢？

适量运动既能保持优美体型，又利于身心健康；

充足睡眠既能促使头脑清醒，又利于身体状态；

学习英语既能增加职场竞争力，又利于日常生活。

……

这些真理似乎人人都懂，但是，绝大多数人只把"我要每天锻炼减肥""我睡前再也不刷抖音""我要每天背单词"挂在嘴上，而没有付诸实践。

即使再显而易见的真理，在懂得和实践之间也存在着鸿沟。而当我们去亲身实践时，也会发现另一个问题：我们所懂得的真理，并不一定是真理本身。这时我们不免感慨："哦，原来我以为的并不真的是我以为的。"

举一个职场中的例子：

小王的领导对他说："下午会来几位重要访客，需要接待一下，你帮我订个会议室。"小王刚入职，一看领导有任务，心想，得立即行动呀，公司会议室一直比较紧张，我可得快点。然后他二话不说马上就订了一个会议室。

如果你是职场高手，可能已经意识到不妥了。没错，下午客人一到，小王就傻了眼：来了十几位访客！可他只订了一个小会议室，访客根本坐不下。原来，小王以为的"几位访客"，并不是真的只有"几位访客"。

对于这件事情，有人说，责任在领导，他明明知道小王是新人，在交代任务的时候，为什么不能多说一句呢？有人说，责任在小王，新人不是借口，落实之前为什么没有跟领导核实？无论我们站在哪个角度看这件事，其结果都是不变的：方向错了，再怎么努力都是白费。所以我们要强调：有效行动的前提是对目标的清晰认知。换句话说，我们脑海里的真理，不能是"我以为的真理"，而要是"现实的真理"。

现在，我们假设领导主动交代了访客的人数，或者小王主动询问了人数，这件事情就会非常完美地解决了吗？很可能不会。无论是领导、客户还是家人、朋友，他们在传递信息或者提出要求时，通常都会比较简单，"订个会议室""送一份资料""拜访个客户""买一个东西"……然而，看似简单的一句话，背后往往有许多隐晦的指令、信息有待挖掘。

回到上述案例，会议室的大小确定了，需要准备哪些公司资料？是否摆放果盘？准备咖啡还是茶？是否需要准备纪念品或礼物？……有很多问题需要小王确认。

所以更加高效和正确的做法应该是，小王跟领导核实完以上这些基本要求后，立即重新根据自己的理解整合一次，并与领导确认："好的，我会立即预订一个可以容纳13人以上的会议室，并准备10份项目A的全套资料，果盘和咖啡也会准备好。如果没有别的事情，我现在就去落实了。"

到这一步，小王才真正将领导的意图理解清楚，并重构这些意图使其成为自己的行动计划。如果领导没有别的要求，接下来就可以按部就班去落实了。

事实上，我们在工作中所面临的每项任务，可能都比"订个会议室"复杂得多。但你会发现，无论多么复杂的工作，归根结底无外乎这三步：明确目标、制订计划、立即行动。只要较好地完成每一步，整个任务也就完美落地了。

这其实就是结构化思维的产物之一。遇到问题，拆分问题，遇到落实，拆分步骤，就是典型的结构思考。本书所要分享的，就是怎样通过结构思考来解决工作问题。

结构思考力研究中心的整个团队，多年来一直致力于改善国人思维。在这个使命的推动下，我们开始了"结构思考力"系列课程和图书的研发、推广和升级。

在不断的研究和摸索、一次次的实践和复盘的过程中，我们发现结构化思维在提升工作效率、助力目标达成方面，有着显著的效果。世间万事万物都是有结构的，大到宇宙星辰，小到颗粒尘埃。无论是可触摸的花草树木、猪马牛羊，还是不可见的思想观念、国家社会，都有其特定的结构。同样，分析问题、解决问题也需要遵循特定的结构，只有这样才能事半功倍，有效实践、高效执行亦是如此。

例如，请你找一个成语来形容一个人执行力好，能轻松、高效地完成复杂的任务，你会怎么说？我想在你的首选答案中，应该有"游刃有余"这个词。其实这个成语恰恰源于一个有关结构化执行的故事。

这个故事就是记载于《庄子·养生主》的"庖丁解牛"：

一个熟练的厨师庖丁，宰杀牛的技艺非常高超，一时间竟让梁惠王叹服。梁惠王问庖丁技艺为什么这么高超，庖丁回答说："我这把刀用19年了，宰杀的牛少说也有几千头了，可是你看这刀刃还像是刚磨出来一样锋利。因为牛体的骨节有空隙，刀口却薄得像没有厚度，把没有厚度似的刀口插入有空隙的骨节，宽宽绰绰地，刀身因为运转大有余地，就不会磨损了。"

为什么庖丁的刀可以19年而不钝？因为他看到了牛的身体结构，才让几乎没有厚度的薄刃避过粗壮的牛骨。普通的厨师不了解结构，也可以将牛分解零散，但是所要付出的代价（体力消耗、刀具磨损、时间成本等）就要多得多，而暴力拆解下的牛肉与牛骨也难以美观。

所以，真理需要实践的检验，高效的实践则需要有效的落实，而完美的达成更需要建立在正确的结构之上。

在本书中，我们为你量身打造了一个简单实用、极易上手的结构化工作"套路"，其中不仅包含结构化的工具和模型，让你拿来就能用，还会佐以管理学、心理学、组织行为学等方面的知识、原理及方法，让你在实践的同时，不断加深理解，优化自己的工作方式。

这套方法凝结了前人的智慧结晶和我们两人的工作实践，并从我们自身出发，经数十位亲朋和团队成员的复制与验证，有效地提高了使用者的目标达成效率，也得到了大家的不断肯定与怂恿（鼓励），因此这套方法才得以成书。

当然，如果你是一位管理大师或者执行力高手，发现书中存在欠缺与不足，还请不吝赐教。

李忠秋　齐海林

2021 年冬

目 录

导论 怎样才能高效落地,完美达成 ·················· 1

    第一节 执行就是构建"目标到结果之桥" ·················· 2

    第二节 高效落地需做好"执行三环" ·················· 10

    第三节 完美达成需遵循五个步骤 ·················· 19

第一部分 理解篇

第一章 明确目标有方向 ·················· 26

    第一节 认清目标——目标的本质是满足欲望、解决问题 ·················· 26

    第二节 分清目标——目标的三种类型都有主动、被动之分 ·················· 31

    第三节 说清目标——目标的描述需要遵循 SMART 原则 ·················· 37

第二章　盘点资源有保障 ······ 44
第一节　掌握资源提升执行力 ······ 44
第二节　借助模型确定盘点项 ······ 48
第三节　使用清单盘点资源量 ······ 51

第二部分　重构篇

第三章　拆解目标有工具 ······ 62
第一节　目标拆解的根本目的是方便管理和促进达成 ······ 63
第二节　目标拆解需要遵循 MECE 原则和逻辑原则 ······ 69
第三节　目标拆解是从大到小的逐级细化过程 ······ 79

第四章　制订计划有路径 ······ 98
第一节　三种方法分解任务 ······ 99
第二节　串行并行统筹任务 ······ 105
第三节　绘制甘特图展示任务 ······ 110

第三部分　呈现篇

第五章　付诸行动有结果 ······ 122
第一节　做好动员用黄金圈——解决"不想干" ······ 124
第二节　能力提升用学习法——解决"不会干" ······ 133
第三节　管理时间用三清单——解决"没时间干" ······ 145
第四节　管理精力用金字塔——解决"没精力干" ······ 163
第五节　避免集体无行动 ······ 193
第六节　注意检查和纠偏 ······ 198

参考文献 ······ 202

导 论
怎样才能高效落地，完美达成

有一群老鼠开会，研究怎样应对猫的袭击。

老鼠甲说："我建议，趁那只该死的猫在追我们时，故意把它引到老鼠夹旁边，让它被老鼠夹夹到。这样，它以后就再也不能追我们了。"

老鼠乙听了，很不以为然，就站起来说："这个办法对我们很危险，万一还没跑到老鼠夹边，就先被它吃了怎么办？所以我认为，趁它睡着时，拿火去烧它是最好的办法。"

一只被公认为聪明的老鼠提出："不，这个办法对我们也有危险。我有一个最好的办法，就是趁它睡着时，在它脖子上挂一个铃铛。这样，猫行走的时候，铃铛就会响，听到铃声的老鼠不就可以及时跑掉了吗？"

大家一致认为这是一个好主意，并推选老鼠甲去完成这个任务。

次日，老鼠甲卒。

——改自某寓言故事

结构化工作法 | STRUCTURED WORKING METHOD

第一节　执行就是构建"目标到结果之桥"

高效落地、完美达成，离不开对目标的有效执行。

"执行力"这个词看似非常容易理解，即使你从未接受相关培训或阅读相关图书，也能在脑海里给它下一个比较具象的定义。

我猜你会将执行力解释为"立即行动""开始着手做某事"等，或者更综合一点，解释为"将计划落到实处"。

事实上，这是很多人（甚至包括很多管理学专家）对执行力的常规定义，但无论是"立即行动""开始着手做某事"，还是"将计划落到实处"，这些定义都更接近"行动力"。

也许你会疑惑："执行力不就是行动力吗？"

当然不是！

不澄清这个问题，就很难提升执行力。

▶ 一、澄清误解：执行力不是"将计划落到实处"的行动能力

上述几种解释不一定是错误的，但至少是狭隘的，因为它们混淆了执行力和行动力。如果按照这些解释去"积极行动"，那么结果往往不会符合预期。

行动力确实是执行力不可或缺的一环，但我们决不可贸然为二者画等号。"执行"或者"行动"的动作，是执行力的组成部分。对于个人或者组织来说，能将计划一一落实，仅仅代表着行动力还不错，并不意味着可以达成目标，也就谈不上拥有高效的执行力。

前言里有个案例，领导要小王预订会议室，来接待几位访客。小王在接到指令的第一时间就采取了行动，预订了一个小会议室。在这

个案例中，我们可以说，小王的行动力是优异的，他成功地将领导"订个会议室"的计划落到了实处，但小王行动的结果呢？是"来了十几位访客，根本坐不下"。

为什么会这样？

就是因为小王将"执行力"片面地理解为了"行动力"。

简单地说：

执行力是把一件事，**做到底**和**做到位**的能力；

行动力是把一件事，**积极开始**和**持续推进**的能力。

你看，小王的积极性高，所以行动力比较强，但仅仅这样，并不能让他将任务"做到位"。如何才能做到位？答案在前言已经说过，那就是参与到计划的制订中。例如，小王可以根据自己的理解和领导的反馈，将"订个会议室"制订成一系列具体的行动计划：

"好的，我会立即预订一个可以容纳 13 人以上的会议室，并准备 10 份项目 A 的全套资料，果盘和咖啡也会准备好。如果没有别的事情，我现在就去落实了。"

要制订这种详细的计划，就要基于对领导意图的清晰把握。这已经不仅仅是员工的计划过程，甚至也是对领导目标的拆解过程。

二、把握本质：执行力是"目标到结果之桥"的构建能力

执行力的早期研究者和实践者、霍尼韦尔国际前任总裁兼 CEO 拉里·博西迪，曾与当代最具影响力的管理咨询大师拉姆·查兰合写过一本管理学名著《执行》，书中这样定义执行："执行是目标与结果之间的桥梁。"

这个定义非常形象地展示了目标、执行和结果之间的关系：执行就是在清晰的目标和明确的结果这两个"桥基"上，建起一座连接之

桥。那么执行力呢？自然就是构建这座"目标到结果之桥"的能力了。

我之所以推崇这个定义，是因为它将确认目标、制订计划等动作纳入了执行的范畴，让目标确认能力和计划制订能力成为执行力的一部分，而不只是计划落实能力而已。

在订个会议室案例中，如果小王懂得执行是"构建目标到结果之桥"的话，那么他在行动前，脑海中会浮现出两个问题：领导让我订会议室的目标是什么？我需要给领导什么样的结果，他才会满意？而由于领导给的信息过于简单，小王是没有这两个问题的答案的。如此一来，小王会时刻对自己进行自我提醒：行动前，一定要找到目标和结果。

怎么找？当你是新人的时候，就要尝试着去问。而当你是职场老手的时候，则可以主动给出答案，等待领导的反馈。

换句话说，执行人不仅需要主动明确目标和结果，最好也亲自制订基于目标和结果的行动计划。目标的理解确认能力、计划的统筹制订能力、计划的行动落实能力，共同构成了"建造目标到结果之桥"的执行力。

三、洞察问题：缺乏执行力的"三不"原因

既然我们搞清楚了执行力的定义是"目标到结果之桥的构建能力"，就要思考另一个问题：为什么不同的个人/团队的执行力会存在高低差异呢？

首先需要肯定的是，除了执行力，人与人之间、团队与团队之间的其他能力（如专项技能）也不尽相同，所以知识、技能储备更加丰富的个人或团队在完成任务时，执行力会更加有保障。

对于知识和技能储备之外影响执行力的因素，很多管理学大师都

导论　怎样才能高效落地，完美达成

曾给出过不同的答案：有人认为目标是否清晰非常关键，有人认为计划是否可行更为关键，还有人认为行动力才是最关键的……

其实，结构化思考要求执行者既能从整体看到局部，也能从局部看到整体，最好的结果自然是，执行者对每个局部都能完成得很好，然后再把这些局部有机结合起来。但现实是，常有某个或某几个局部的完成出现问题，导致执行力低下。

简而言之，影响一个目标完美达成的原因主要有三个：目标不清晰、计划不具体、行动不落实。

1. 缺乏执行力的第一个原因：目标不清晰

我们这里所说的目标不清晰，包含两个层次的原因：目标模糊导致难理解，目标虚高导致难实现。

第一个层次的原因，目标模糊导致难理解，这是工作场景中的常见问题。从制定者与执行者两个视角来看，目标模糊的原因又可以分为目标制定得模糊或对目标理解模糊。下面我们来逐一分析。

状况一：目标制定者未制定清晰明确的目标

例如，"我要减肥。"作为目标制定者，很多人自以为这是一个清晰的目标。

但是，如果我问：

"你为什么设置这个目标？"
"除了你，还有谁会为你的目标服务？"
"你打算减重多少？"
"在多少天内达到这个目标？"

是否有清晰明确的答案呢？如果没有，就意味着目标制定者没有制定清晰明确的目标，进而影响到减肥者的执行力和结果达成。

同样，作为职场新人的小王，最开始也以为"订个会议室"是一个清晰明确的目标。但经过一次次的"执行不力"后，在一次次的经验总结后，他开始懂得问"几位客人""准备哪些公司资料""是否摆放果盘""准备咖啡还是茶""是否需要准备纪念品或礼物"等问题后，才明白领导给他的是一个多么模糊的目标。

状况二：目标执行者未理解清楚目标

很多人小时候都玩过"传话筒"游戏：十几个小朋友站成两队，每一队的第一个小朋友都会悄悄地告诉下一个人一句话，然后一人传一人，就这样一个个地传到最后一个人的耳朵里，并由他大声讲出来。在这个过程中，需要确保本队的悄悄话不被另一队听见，否则就会被宣告失败。因此每一队都会使用非常小的声音，以确保不失去比赛资格。但因为声音太小了，很多人根本听不太清楚，只能通过听到的简单音节去推测对方说了什么。游戏的结果通常是，最后一个小朋友说出的句子和最初的相差甚远，面目全非。

这个游戏反映的是信息传递过程中的常见现象：信息在传递过程中难免会有所缺失或混入冗余信息。这些缺失或冗余，就增加了对原信息的理解难度。而在工作场景中，这种情况就会导致执行者对任务理解不到位或产生误解，最终，行动结果也就不符合目标制定者的预期。

第二个层次的原因，目标虚高导致难实现。在现实情境中，这个原因很容易被忽略。

虽然有多个研究证实，在一定范围内，当管理者设定了难度较大的目标时，员工的努力程度和最终绩效都会提高，组织也会因此受益，但这条规律有一个条件，就是"一定范围"。如果管理者不够谨慎，制定的目标的难度超出了合理范围，到了员工/组织的承受范围之外，员工明知完成不了，就会索性撂挑子不干或磨洋工混日子。这种超出了员工/组织承受范围的目标就是虚高的目标，会导致执行力下降。

美国统计公司 Statistic Brain 的一份统计调查显示，在新年打算节食或健身的人群中——

　　一周后，坚持者剩 75%；

　　两周后，坚持者剩 71%；

　　一个月后，坚持者剩 64%；

　　半年后，坚持者剩 46%；

　　一年后，还在坚持的人仅剩 10%。

总体而言，不论目标是什么，只有少部分人可以成功完成。我们可以认为，绝大多数人都设定了一个不实际的目标：他们在设定目标时并没有意识到，这个目标已经超出了他们的承受范围，等到他们意识到这个问题后，就索性不干了。

获得了诺贝尔经济学奖的心理学家丹尼尔·卡尼曼和阿莫斯·特维尔斯基于 1979 年提出过一个叫"规划谬误"（planning fallacy）的概念。

规划谬误是指人们通常会低估完成任务所需的时间，这里的时间也可替换为资金、信息、能力、精力等资源。他们在论文中解释说：人们估计时间时，通常采用了非常顺利+有限风险进行预测，但实际上，由于人们在规划时，普遍有过度自信、认知局限、极度渴望等一系列问题，预测往往与实际情况大相径庭。

悉尼歌剧院的建设就印证了规划谬误。建造者最初的目标是 1963 年完工，预估耗资约 700 万美元，但最终该项目追加了 10 年才完工，总耗资则超过了 1.02 亿美元。

所以，当你面对一个目标的时候，需要仔细分析，这座通往结果的"桥"到底应该怎么建，以及你究竟有哪些可用资源。只有当目标从实际出发时，你所努力的方向才有可能正确。

2. 缺乏执行力的第二个原因：计划不具体

我认为，对于具体项目或者事件而言，计划不具体≈没有计划。

很多人在为自己设置了提升英语能力的目标后，制订的计划大都是这样的：每天背诵 100 个单词。也有人在为自己设置了 3 个月减重 5 千克的目标后，制订的计划大概是这样的：每天跑步 30 分钟。而在工作中，我们经常为了达成提升工作效率这个目标，会这样制订每日计划：拜访 5 位客户、完成季报 PPT……它们看似计划却不是计划。虽然它们都是基于具体项目或者事件而言的，但都不够具体和细致——每天有 24 小时，100 个单词在哪个时间段背诵完？是一次全背完，还是分次背完？是背完单词去跑步，还是边跑步边背单词？

很多管理学大师都喜欢将目标比喻为灯塔，将计划比喻为航线图，这是非常形象的。换句话说，如果个人或者团队是一条船，那么目标决定了我们的航向，计划决定了我们的航线。

我对执行力的定义是"目标到结果之桥的构建能力"，其实无论你是要抵达灯塔还是要建好桥梁，都需要"计划"——一张清晰的航线图，或者一张明了的施工图。这两种图都为"安全跨越"和"到达彼岸"提供了详细的行动计划。

没有航线图的轮船随时都会触礁沉没，没有施工图的跨海大桥随时都会坍塌。同样，没有详细的计划，100 个单词可能永远也背不完。计划的重要性毋庸置疑，但关于如何制订计划，却出现了分歧。

目前有两种主流论调：一种认为"计划要重节点，轻细节"，因为"计划赶不上变化"，即使将细节处制定得非常具体，多半也是做无用功，稍微有点风吹草动，就有可能让种种安排推倒重来，所以不如把握节点、边走边看；另一种认为"计划应该事无巨细"，因为"计划中的任何一点，都有可能是节点"，即使有变化、要调整，也不应该因噎废食。

这两种说法都有道理，只是针对的计划类型不同。

对于人生目标、企业使命等长期目标，可以借鉴"重节点、轻细节"的计划方式，而对于当下目标，做计划时则应该越具体越好。也可以简单地理解为，长远目标是建造100座桥，每座桥都需要跨越一些河流，这是清晰明确的节点，而具体某座桥应该修建在河流的上游还是下游，则需要因需而动，随时调整。当长远目标推进到具体某座桥时，你需要迅速转换视角，聚焦当下目标，去考虑这座桥应该如何搭建，做到事无巨细。

对目标的再拆分，也可以参考类似的逻辑。例如，每天背100个单词，相对于学好英语，只是一个短期目标，但是你可以将它当作"长期目标"来拆分，即每天的100个单词怎么背，早上多少个，中午多少个，晚上多少个。这些节点就成了你的短期目标，你可以制订一个包含多个短期目标的计划。

3. 缺乏执行力的第三个原因：行动不落实

再完美的计划都只是计划，除非你能立即开始行动并坚持到底。

我想你一定有过这样的困惑：明明眼下就有"必须要做的事"，甚至已经迫在眉睫，但你通常也只是在满心焦虑之时，立即起身……换一个舒服点的姿势看着它们，却一点儿也行动不起来；虽然脑海中一直有个声音在喊着"别磨蹭了，已经非做不可了""就是现在，马上去做，不然，来不及了"……还是没什么用。

例如，小学时的寒假作业和暑假作业，是不是在假期结束前的两到三天内突击完成的？完成领导交代的任务时，你是否有这样的情况：领导周一安排任务，并明确了周三要交，你看了一眼，感觉没什么难度，认为"这些内容只要三小时就能够轻松完成，慢慢来，不着急"，而当你终于拖延到了"不得不开始，否则就完了"，终于着手去做时，才发现数据好像对不上，素材有缺失，或者有件事情好像需要同事小张帮忙……但一看表，凌晨一点，才傻了眼。

所以，计划的开始不及时、动作的衔接不及时，都将导致计划的终止、目标的搁浅。

■ 本节精要

执行力的常规定义是"落实计划的能力"，但是人们对这个定义存在一定的误解。对执行力更恰当的理解应该是"目标到结果之桥的构建能力"。而目标不清晰、计划不具体、行动不落实是缺乏执行力的三个主要原因。

第二节 高效落地需做好"执行三环"

前文揭示了组织或个人缺乏执行力的三个主要原因：目标不清晰，计划不具体，行动不落实。那么，用什么方法可以有效规避这些问题、提升执行力呢？不同的管理学派提出了不同的主张。

例如，《执行》从企业领导者的角度，提出了执行力提升的"三大基石"和"三大流程"。

基石之一是领导者要做好七项基本行为，包括全面深入了解企业和员工、实事求是、设定明确的目标并排出优先顺序、持续跟进、奖罚分明、教导下属和了解自己；基石之二是建立文化变革的框架，包括行动导向的文化、奖励与业绩挂钩的机制、良好的沟通机制、积极开放的对话氛围、领导者以身作则的模范效果；基石之三是领导者需要知人善任。"三大流程"则是企业管理者需要做好人员选育流程、战略制定流程和运营实施流程。

《麦肯锡高效执行力》则从员工的角度解释了如何提升执行力，给出了麦肯锡高效执行力的法则、方案、建议和戒律。例如，领会老板意图，想好了再去做，把大目标分成小阶段，集中精力等。

类似的管理学著作还有很多。虽然这些书从表面来看都在自说自话，但经过细致的分析比对，你会发现，无论从哪种视角看待和拆解执行力的来源，都是在"找结构"——完美达成目标的最优结构。

那么，你是否有找结构的最优策略呢？

一、结构化思维：透过现象看本质的思维方式

1. 何谓"结构化思维"

简单地说，结构是指事物自身各种要素之间的相互关联和相互作用的方式，包括构成要素的数量比例、排列次序、结合方式及其因发展引起的变化。结构是事物的存在形式，一切事物都有结构，事物不同，其结构也不同。

客观现实中的实体物质拥有结构，这很容易理解。

从宏观上看，宇宙的基本结构是"时间"与"空间"。谈到时间最容易想到的是过去、现在和未来，谈到空间最先找到的是上下、左右、前后等方位。

从微观上看呢？物质通常由分子构成，分子由原子构成，原子由原子核与电子构成，原子核由质子与中子构成……

想象世界或逻辑世界也各有结构，这点相对不易理解。

国家也好，公司也好，都是抽象概念，是一种基于智慧生命认知共识的"想象的共同体"，但国家有国家的结构、公司有公司的结构。

省、市、自治区、直辖市，或者州、县、镇，在行政层面组成了国家这个概念；财务部、人事部、采购部、销售部等各个职能部门组成了公司这个概念。

目标、任务、执行、结果、问题，这些概念也不能在现实世界找到物质实体，它们都是想象的产物。但它们和物质实体一样，也都有各自的结构。

无论是客观实体还是抽象概念，所有事物内部的结构之间都是相互影响、相互作用的。我们不但要认知其结构的构成，还要弄清其间的关联，把事物作为一个有机的整体去看待。结构的微小差异，都有可能"牵一发而动全身"，得到完全不同的结果。

例如，大家知道水的化学式是 H_2O，即一个水分子由两个氢原子、一个氧原子构成。当失去氧原子的时候，水就变成了氢气；当氢原子由两个变成三个的时候，普通水则变成了重水。

又如，石墨和金刚石的化学式都是 C，都属于碳单质，它们的化学性质完全相同，但金刚石和石墨不是同种物质，它们是由相同元素构成的同素异形体，所不同的是物理结构特征。物理结构特征的差异，让石墨和金刚石拥有了完全不同的物体特性。最被我们熟知的差别就是石墨质软，而金刚石硬度极大。

结构差异在事物间普遍存在，并常常导致事物的呈现结果差别很大。因此，解决问题时，只有找到正确的结构，才能得到想要的结果。

结构化思维就是一种遇到问题先找结构、拆结构，然后重新组合结构的思维方式。

2. 结构化思维有什么用

请思考这样一个问题："如何把 200ml 水装进 100ml 的杯子里？"

导论　怎样才能高效落地，完美达成

如何把200ml水装进100ml的杯子里？

事先声明，上述问题并非脑筋急转弯，而是一个需要解决的实际问题，是领导交给你的任务。你想到答案了吗？有人说喝一半再倒，那是把水装进肚子里了，没有完成目标；有人说换个大一点的杯子，这就更改了前提条件，对目标本身进行了修改；也有人说，可不可以"把水冻成冰柱"，然后插入杯中？没错，把水冻成冰柱算是解决这个问题的标准答案之一。

我们的重点不是要找到答案，而且要找到分析问题、解决问题的思维过程。

这个过程应该是怎么样的呢？

首先拿到问题后，是不是要找一下问题产生的原因？也就是，为什么200ml水不能装进100ml的杯子里？水会流出来，对吗？那么，为什么200ml水装进100ml的杯子里水会流出来？是哪些原因造成的？

装不下是第一个原因。为什么装不下？因为杯子太小。

往下流是第二个原因。为什么会往下流？因为水是液体，液体会流动。

地球有引力是第三个原因，否则，水为什么不向上或者向旁边流动呢？

我们可以发现难点来自三个方面：第一是杯子本身的原因，第二是水本身的原因，第三是外部环境。当尝试着从这三个方面去看待问题时，我们就找到了问题的结构，不但把问题想全面了，而且分得很清，这就是结构化思维。找到问题的结构以后，我们会发现，从这三

13

个方面都可以找到问题的解决方案。例如，针对杯子，可以换一个有张力的杯子，但必须和领导确认让不让换；不让换的话，也可以从外部环境入手，如把水和杯子拿到太空上去试试，但成本太高了；还有一个角度是从水本身着手，把水冻成冰、和成泥都可以解决问题。

这就是一个简单运用结构化思维分析问题的过程。

3. 如何表示结构

有些初次接触结构化思维的人，不太同意找结构的重要性——难道不刻意找结构就没有解决方案了吗？当然不会，问题无论大小难易，人们往往都可以基于自己过往的人生阅历、工作经验、知识储备等，或多或少得出一些答案。不过，这些答案是零散的、碎片化的，有可能对，也有可能不对，但一定不会特别清晰和全面。但如果我们脑海里有问题的结构，就能够从全局视角，把问题想得既全面又清晰。

前文在解决倒水问题时，运用了结构化思维。具象化的结构化思维就是结构图，或者叫金字塔结构图（因其形似埃及金字塔而得名，见图 0-1）。

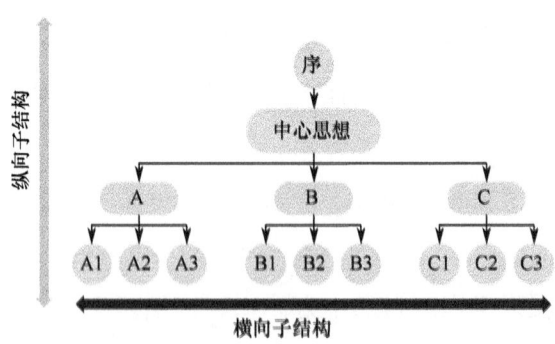

图 0-1　金字塔结构图

金字塔结构图最重要的是中心思想部分，它是指我们现在需要解决的某个问题。例如，把 200ml 水倒入 100ml 的杯子里，就是我们要解决的一个问题。基于这个问题，我们逐层向下展开。

金字塔结构图包含两个子结构。横向子结构是指我们针对某个问题，进行思考的广度。例如倒水的问题，影响它的因素有三个方面：杯子、水、地球引力。在日常工作、生活中，有的人擅长横向思考，他们思维发散、点子多，当大家遇到问题时特别喜欢询问他们，而他们一拍脑袋就能想出多个点子。但是如果你挑其中的一个点子，一步步问他们怎么解决，他们则往往给不出答案。只擅长横向思考的人，思维特别宏观，但不够具体和深入。

在金字塔结构图里，还有一个子结构被称为纵向子结构。它是指我们针对某个问题，进行思考的深度。在日常工作、生活中，有的人擅长纵向思考，当遇到问题时，他们会迅速进行细节设计。例如，要把水冻成冰，他们可能要想想用什么仪器冻、冻成什么样子、怎么冻省钱、冻多久，却不容易想到，除了冻成冰这个解决方案，还有哪些其他的可行方案，有没有从杯子和外部环境着手的解决方案。只擅长纵向思考的人，思维比较深入，但不够全面宏观。

所以，不管是擅长横向思考还是纵向思考，都是单一的线性思考方式。

而结构化思考不同，它是一种强调"先总后分"的立体化思维方式。它帮助我们既在横向上把问题想全，又在纵向上把问题想得足够深入和具体。

最后请回忆一下：最开始看到倒水的问题时，你采取的是哪种思考方式呢？是不是第一时间去找答案了？或者说答案是自动浮现出来的呢？其实，这种思考方式也代表了我们在解决问题时的普遍思考方式：看到一个问题会"本能"地找到一些答案。所谓本能，就是思考未经特别训练，不一定想得很清楚，最终找到的解决方案也未必是最有效的。

二、结构思考力三层次模型：理解、重构和呈现

思维不可见，问题需要在想象中推演，经历一个复杂的过程，才能形成最优的解决方案。

在倒水问题中，起初我们既看不清问题的结构，也看不到自己思考的过程，就算凭以往经验找到了零星的几个方案，也未必可以解决问题。这时候的思维是"隐性的、混乱的"。而当尝试用结构化的方法去梳理问题、拆解问题时，我们就找到了杯子、水和外部环境这样一个清晰、全面的结构，基于这个结构又得出了新的解决方案，并从中选择一个既符合要求又易行的方案去实施，以获得好的结果。

总而言之，解决问题、完成任务会经历三个步骤：隐性思维显性化，显性思维结构化，结构思维形象化。这三个步骤对应的就是结构思考力的三层次模型（见图 0-2）。

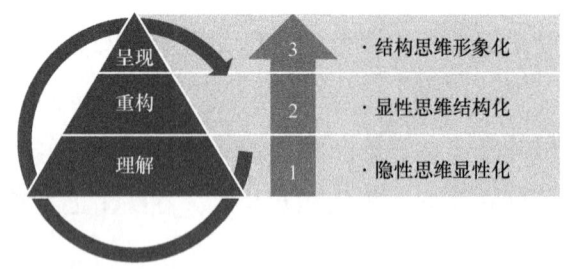

图 0-2　结构思考力的三层次模型

为了便于理解，你可以想一下，要学会打网球需要经历哪些阶段。

首先，我们需要看网球高手怎么打，观察他的发球、接球等动作；然后，我们需要将高手的动作转化成自己的动作，在练习中加深理解

并反复调整；最后，我们需要教练指出我们的动作和高手动作之间的差距，指出训练的改进方向。

这就是一个完整的理解、重构和呈现的过程。但是思考和体育训练不同，它发生在人的脑海中，我们并不能够用五感直接观察、体会自己的思考过程，因此需要借助一些外部方法将隐性思维显性化。被显性化的思维是可加工的，我们可以借用另一些方法使它清晰化，即显性思维结构化。最后，新的思维结构必将导致新的思维输出，带来新的行动，这就是结构思维形象化。

三、基于结构思考力的"执行三环"

执行力是思考和行动协作的体现，所以执行力也可以用结构思考力三层次模型来理解。具体来说，是这样的：

第一步，清晰理解所要应对的问题/所要达成的目标，确认自己的理解和原始问题/目标是否一致；

第二步，用科学的方法去重新梳理思路，让自己想清楚、想全面，从而针对目标做出详细计划；

第三步，保证计划可以顺利实施，最终将符合预期的行动过程和行动结果呈现在大家面前。

下面我们回到熟悉的小王订会议室的案例，看看如何使用结构思考力三层次模型，有效执行现实的工作任务。

首先，小王的领导下达了任务"订个会议室"。对于领导自己来讲，"订个会议室"是一个比较清晰的目标，但是对于小王来讲，这个目标就不见得那么清晰了。会议室多大？需要准备什么东西？这些问题的答案都装在领导的脑子里，是隐性的，而他的下属小王看不见。这时小王如果按照自己仅有的理解，去完成自己看到的这个不完整目标，结果可想而知。而如果小王是职场高手，就会问一系列问题，帮助自己看清、看全领导的实际目标。这就是一个隐性目标显性化的过程。

其次，即使看清了领导交付的任务，但任务其实刚开始。职场高手会根据自己对任务的理解和领导的反馈，将"订个会议室"这个简化目标，扩展成一系列行动计划。例如，立即预订一个可以容纳13人以上的会议室、准备10份项目A的全套资料、果盘和咖啡也要准备好……当然，细心的你可能发现了，制订什么样的计划和资源也有关系，13人以上的会议室、项目资料、果盘和咖啡都不是凭空就有的。小王需要足够的时间去核实、筹备这些资源，任何一项资源的缺失都会迫使小王制订不一样的计划。

最后的呈现环节，则是小王通过努力将计划一一落实。虽然咖啡可能被换成了茶，但最终交付到领导手里的结果应该不会差。

所以，基于结构思考力的三层次模型，我们就得到了高效执行力需要遵循的"执行三环"（见图0-3），它们是：

第一环——理解：隐性目标显性化，理解目标、明确目标

第二环——重构：显性目标结构化，重构目标、制订计划

第三环——呈现：结构目标行动化，呈现目标、付诸行动

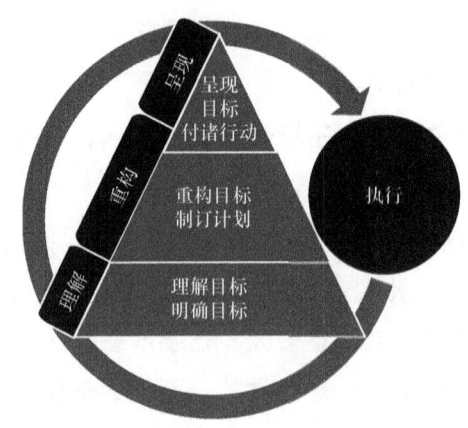

图0-3 执行三环

导论　怎样才能高效落地，完美达成

执行的过程就是在理解、重构和呈现三个环节上的不断循环，去完成一个又一个任务。但只记住执行三环是什么并没什么用，还要知道如何做。在本书中，我将三个环节拆解成了五个步骤，每个环节都会对应一到两个步骤（见图 0-4）。你只需要在接收到目标或者确定目标后，按照这五个步骤的顺序有序推进，就可以做成任何事情。

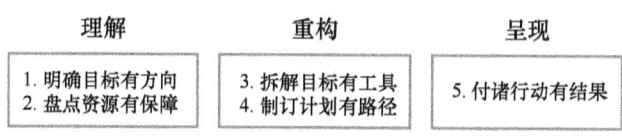

图 0-4　五步达成法

所以，我又称其为"五步达成法"，它们分别是：明确目标、盘点资源、拆解目标、制订计划和付诸行动。这五个步骤分别对应了本书的第一到第五章，每章介绍一个步骤，并用结构化的方式将其展开。

本节精要

结构思考力是一种透过结构看到问题本质的思维艺术，它的核心理念是三层次模型——理解、重构和呈现，它的重要工具是金字塔结构图。基于结构思考力三层次模型，高效执行有五个步骤：明确目标、盘点资源、拆解目标、制订计划、付诸行动。

第三节　完美达成需遵循五个步骤

第一步　明确目标有方向

在第一章，我首先明确，目标虽然是一种期望或渴望，但并不仅仅是"我想要"，而是"个人或系统想要达到的结果，而且会为此制订计划，设法达成；是个人或组织在某种理想状态下希望达到的状态"。而且目标往往是伴随着问题产生的，是为了解决某种类型的特定问题而制定的。

其次，我根据问题的三种类型帮你区分目标的类型，并且让你认识到无论是哪种类型的目标，都有主动和被动之分。

最后，我会提醒你，一定要记得使用 SMART 原则对目标进行清晰的描述，从 Specific（明确性）、Measurable（可衡量性）、Achievable（可达成性）、Realistic（现实性）和 Time-bound（时限性）五个维度描述目标，确保制定或者理解的目标没有偏差。

第二步　盘点资源有保障

在第二章，我首先会提醒你，在明确目标之后，要清晰地掌握各项资源。对任何人、任何团队来讲，资源都是越多越好，可现实情况往往不尽如人意，资源匮乏才是常态。但任何目标都需要"最起码的资源"，所以对资源进行有效盘点、清晰掌握可用资源是目标达成的必要手段之一。

其次，我会介绍利用吉尔伯特行为工程模型确定资源的方法。这个模型在人力资源、财力资源和物力资源的基础上，增加了信息、激励、知识技能、天赋潜能、态度动机等多项资源，让资源盘点更全面。

最后，我会分享利用资源盘点列表盘点资源、判断缺口和做出调整的方法。

第三步　拆解目标有工具

重构环节的第一步是拆解目标。从目的上讲，拆解目标是为了方便管理和促进达成，可以说，拆解是目标达成的必经之路。但是如果采用"暴力拆解"的方式，就会让原本清晰的目标变得支离破碎、面目全非，给目标的达成增加阻力或者导致目标的失败。所以在着手拆解目标之前，我会介绍拆解目标需要遵循的两个原则：分类的 MECE 原则和排列的逻辑顺序原则。

目标有组织目标和个人目标之分。作为组织的基本组成部分，个人是组织目标拆解的承接者。所以，无论是企业目标还是部门目标，都要拆解落实到岗位目标这个层面。个人目标除岗位目标外，还包括学习目标和生活目标，这两类目标需要特定的拆解方法。

第四步　制订计划有路径

重构环节的第二步是制订计划。它可以被看作拆解目标的延伸。

首先，我会介绍三种制订计划的方式：PBS、WBS 和 OBS。其中，PBS 负责把大项目拆成小项目，把大产品拆成一个个子产品，把一个个子产品做好了，也就把大产品做好了；WBS 负责把一整套动作拆解成一个个动作模块，每个模块的动作都做到位了，整个动作也就完成了；OBS 负责把与目标相关的责任人，分成一个个职能模块，每个职能模块负责完成对应的工作后，整个工作也就随之完成了。

其次，为了更加直观地呈现任务详情，你还需要学习利用工作量估算法确定任务时间，进而确定任务的串、并联关系，方便统筹，最后画出甘特图。

第五步　付诸行动有结果

在这一步，你需要从自我动员或动员他人入手战胜拖延，掌握结构化学习手段，并且合理规划自己和团队的时间与精力。

虽然计划已经制订完毕，接下来只要按照计划行动就可以了，但是，真是这样吗？

1. 你可能会陷入拖延的怪圈

说到拖延问题，相信每个人或多或少都有一点。例如，第二天就要交作业，还非得先玩会儿游戏；第二天有事要早起，晚上还非得先追个剧。这种情况非常普遍，也确确实实影响了很多人的生活。不仅个人是这样，组织往往也会出现"集体无行动"的现象。因此，我会分享几种有效战胜拖延的方法，让你可以随时随地立即开始。

其中，最重要的是要解决几个问题，即"为什么行动""如何行动""没时间行动""没精力行动"。

2. 逃离拖延怪圈的行动步骤

（1）开始行动之前，为行动找一个超越目标的理由。

如何解决"为什么行动"这个问题呢？这里的"为什么行动"不仅仅是让你将此次行动做一个简单的重复，而是要找到行动背后让你更愿意为之付出的理由。你可以简单地将其理解为在行动之前做一次动员。在本书中我会分享黄金圈法则，让大家做到有效动员。

（2）使用结构化学习方法，解决"如何行动"的问题。

很少有人在处理所有问题、执行所有计划时具备所有知识和技能，任何小细节都有可能拖延前进的脚步，而边做边学往往是最佳解决方案。那么，如何学习就是执行者需要面对的任务外的问题了。结构化学习方法是一个行之有效的系统、快速、碎片化的学习套路，能够帮助你快速掌握所学知识和技能。

（3）学会管理时间。

在诸多时间管理方法中，我认为最简单易行的是"清单管理法"，即用三份清单加上日历来管理自己的时间。这三份清单各自有不同的功能。第一份清单是"时间记录单"，第二份清单是"任务清单"，第三份清单是"杂项清单"。除了管理好自己的时间，我们还需要与他人协作来完成其他工作，所以还要学会管理合作者的时间，一方面要和他人一起制订计划，另一方面要在执行过程中实时同步时间。

（4）学习有效管理精力的方法。

在本书中，我会分享一种行之有效的"精力管理金字塔模型"。该模型的第一层表示通过合理饮食、适度运动、充分睡眠获得健康的体魄，是精力充沛的基础；第二层表示积极正面的情绪是精力输出的保障；第三层表示通过专注和聚焦可以保证输出的有效性，避免精力和时间的浪费；最后一层表示目标和使命，这和黄金圈法则中的 why 类似，是驱动我们做事情的最终逻辑。

（5）掌握避免集体无行动的原则。

在本书中，我会对集体无行动的主因——旁观者效应，做一个简单的诠释，并找到"责任分散"这个最根本的原因，然后结合本书内容，给出一个简单有效的不设置共同责任人避免集体无行动的方法。

（6）检查和纠偏，开启新的一轮执行循环。

本节精要

本书的五章分别对应高效执行的五个步骤，本节着重对每章的框架做了简要概述。

第一部分

理解篇

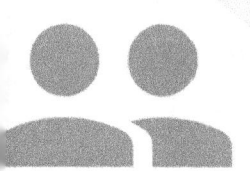

第一章

明确目标有方向

"麻烦你告诉我，我要从这儿出去，应该走哪条路呀？"

"这在很大程度上取决于你要去什么地方。"猫说。

"去什么地方，我并不很在乎——"爱丽丝说。

"那么你走哪条路也就无所谓了。"猫说。

——摘自刘易斯·卡罗尔《爱丽丝漫游奇境》

第一节 认清目标——目标的本质是满足欲望、解决问题

我们说执行力是"目标到结果之桥的构建能力"，所以谈论执行力的前提是首先得清晰地理解目标。究竟什么是目标呢？按照定义，目标是"个人或系统想要达到的结果，而且会为此制订计划，设法达成；是个人或组织在某种理想状态下希望达到的状态"。

如何正确地理解这个定义呢？

第一章　明确目标有方向

⏮ 一、目标是一种可被满足的欲望

目标是一种欲望，是我们"想要"达到的结果。但我们还要明确，"想要的"不一定都是目标。

例如，小王渴望用一年的时间，挣一个亿。这里的"挣一个亿"是小王的目标吗？

可能是，也可能不是，这取决于小王是否有达成目标的可能性并为此做出努力。

有些可实现且人们会为之努力的欲望是目标，而不可实现的或只是空想的欲望则不应该被视为目标。在前面问题中的小王是谁呢？如果是王健林，"挣一个亿"对他来说是可实现的欲望，而且只是一个小欲望、小目标。但如果换成我，"挣一个亿"不仅是我的欲望，还是我的大欲望，但实现的可能性几乎等于零。这就不是一个目标，而是一个白日梦，仅此而已。

在明确了目标是一种欲望后，有什么作用呢？最大的作用就是，当谈论目标时，我们会下意识地想到欲望对目标将要产生的影响。

1. 合理利用欲望可以促进目标的达成

在思维世界里，欲望是理性的敌人，它往往和本能成对出现，经常被冠以贬义。但在执行力的世界里，欲望也可以成为达成目标的驱动力。

马斯洛在 1943 年出版的《人类动机的理论》中提出过一个理论框架（见图 1-1），将人类的需求由低到高分为：

生理需求（Physiological Needs），如食物、水、空气、睡眠、性的需求；

安全需求（Safety Needs），指对人身安全、生活稳定以及免遭痛苦、威胁或疾病、身体健康以及有自己的财产等与自身安全感有关事情的需求；

社会需求（Love and Belonging，或直译为"爱与归属的需求"），指对友谊、爱情以及隶属关系的需求；

尊重需求（Esteem），包括对成就、名声、地位和晋升机会等的需求；

自我实现需求（Self-Actualization），是最高层的需求，包括针对真善美至高人生境界获得的需求。

马斯洛需求层次理论框架最重要的作用，是让大家都清晰地认识到每个人都有需求和欲望。很多管理学者根据这个理论框架，帮助组织领导者设置不同的激励手段去激励下属。

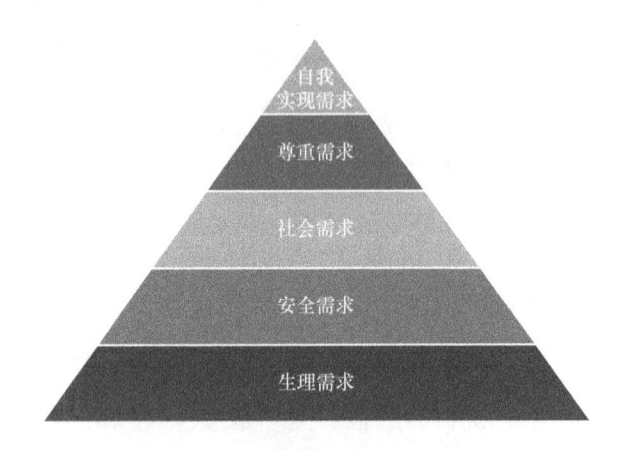

图 1-1　马斯洛需求层次理论框架

2. 不同层次的欲望可能阻碍目标的达成

世界顶级投资家、企业家，对冲基金公司桥水创始人瑞·达利在他的畅销书《原则》中曾经写道："合理的目标是你真正需要实现的东西，欲望则是你想要但会阻止你实现目标的东西。欲望通常是直接结果。

例如，你的目标也许是体形健美，而你的欲望是吃好吃但不健康的食物。不要误会我的意思，假如你想成为一个整天吃零食、看电视的人，那也可以。你的目标，你自己定。但如果你不想成为那样的人，最好不要打开那包薯片。"

假如你第三季度的工作目标是成为销售冠军。虽然这个目标本身就是一个欲望，它符合马斯洛需求层次理论框架，可以满足尊重需求和自我实现需求，但同时可能夹杂着"让自己轻松一些吧""我再也不要加班""周末就该陪伴家人"这样的生理需求、安全需求或社会需求。它们都会对"成为销售冠军"这个目标产生一定的阻碍。

二、目标的制定是为了解决问题

回想一下你过往经历中所制定的目标，你会发现它们都是为了解决特定问题而制定的。例如，之所以制定减肥的目标，是为了解决"我太胖了，怎么办"这个问题；而提高市场占有率的目标往往是要解决"市场占有率持续下滑，怎么办"的问题；减少骨干员工流失这个目标的制定，一定是因为公司出现了"骨干员工持续流失"的问题……对不对？

或许有人会说不对，因为还有很多目标不是为了解决问题而制定的。例如，我虽然不胖，肥胖不是我的问题，但也制定了将体重维持在一个范围内的目标；虽然公司的产品一直很受欢迎，市场占有率没有出现问题，但是公司的研发和设计目标制定得依旧非常高……这些目标看起来，并没有解决任何问题吗？其实，这些目标依然是在解决问题，只不过解决的不是像"我太胖了，怎么办"这样的显性问题，而是一些隐性问题。

问题通常可分为三类：恢复原状型、防范潜在型和追求理想型。

1. **恢复原状型问题是指损害已经发生，问题已经显现，解决方法要围绕"如何恢复原状"**

这意味着，与现状对比后发现，历史上的某个节点是最优状态或峰值状态，现状明显低于这个最优或峰值。遇到这类问题时，我们通常会将原本的状况视为期望。例如：

"我太胖了，竟然比去年整整重了 10 千克！怎么办？"

"公司的员工流失率同比增加了 13%。怎么办？"

"市场占有率与去年同期相比少了 25%。怎么办？"

……

2. **防范潜在型问题是指损害尚未发生，但有潜在问题，解决方法要围绕"如何避免损害"**

也就是说，现阶段状况良好，但未来有极大可能发生损害的问题。这意味着，如果不采取某些措施，良好的现状就会不复存在。遇到这类问题时，我们通常会将现状视为期望。例如：

"我是模特，需要保持体形。怎么办？"

"公司处于高速发展期，要保持较低的骨干员工流失率。怎么办？"

"预计明年将有多款竞品入市，想要保持市场占有率，有一场硬仗要打。怎么办？"

……

3. **追求理想型问题是指现状也许不错，但想变得更好，解决方法要围绕"如何自我提升"**

这类问题往往意味着现状已经不错，但我们还想更好。与其说是解决问题，不如说是自我提升。例如：

"虽然很健康，但从小到大我都看起来肉嘟嘟的，真想瘦成闪电。

怎么办？"

"骨干员工流失率虽然只有5%，远低于行业平均水平，但我相信，我们还可以做到更好。怎么办？"

"争取年底占领50%以上的终端机市场。怎么办？"

……

以上三类问题基本涵盖了我们所要面对的绝大多数问题。而每个人或每个组织，基于自我洞察发现了或显性或隐性的问题之后，怎么办？一定会制定解决方案，而这些解决方案想要达成的结果，就是个人或组织的目标。

本节精要

本节明确了目标的本质是一种可以被满足的欲望，但并不是所有欲望都是目标，区别目标和其他欲望的标准则是"是否为之努力"。目标是为了解决某个或某一系列特定问题而存在的，这些问题可以被归为三大类：恢复原状型问题、防范潜在型问题和追求理想型问题。

第二节 分清目标——目标的三种类型都有主动、被动之分

对目标进行分类管理，有助于明确目标。目标分类的维度有很多。例如，按照时间，目标可以分为长期目标、短期目标，还可以分为年度目标、季度目标等；按照职责，目标可以根据不同的业务板块、具体的岗位责任进行分类，大的可以是分公司目标、部门目标，小的则可以是岗位目标或个人目标。

以上这些分类都没有问题。这里我提供一种按照对问题的定义、

目标设定者与执行者关系的目标分类方式，供大家参考。

⏮ 一、目标的三种类型

在前文中我们说过达成目标是问题解决方案的落实，因为问题有三种类型，所以相应地，目标也有三种类型。

1. 恢复原状型目标是为了解决"如何恢复原状"这一问题的

当在面对"我太胖了，竟然比去年整整重了 10 千克！怎么办"这个问题时，我们最先想到的就是为自己选择一个有效的减肥方案，这个一定是以"减肥"并回到以前瘦的状态为目标的；当面对"公司的员工流失率同比增加了 13%。怎么办"这个问题时，无论采用的是何种方案，都一定是以"让流失率回到正常水平"为目标的。

这类目标因为问题比较显性，所以目标更加清晰，达成目标的愿望也更加迫切。

2. 防范潜在型目标是为了解决"如何避免损害"这一问题的

当"我是模特，需要保持体形。怎么办"这个问题摆在不同的人面前时，制定的目标可能不太一样。有的人会特别在意，严格制定自己的减肥目标，如体重零增长；有的人则会很随意，觉得体重增长 1 千克是可控的，大不了多饿几顿。也就是说，有的人不允许损害的发生，有的人则可以容忍损害的发生，将目标变成恢复原状型目标，然后再达成。

面对"公司处于高速发展期，要保持较低的骨干员工流失率。怎么办"的问题，有的人认为保持低流失率是高速发展的前提，要花较多的时间和精力；有的人则认为高速发展期有太多的事情要做，等出现流失率增长的苗头时再控制也来得及。这两种不同的目标制定逻辑和前面的例子是一样的。

这类目标因为是在损害发生前制定的,问题处于隐性问题到显性问题的过渡阶段,达成目标的愿望会随着问题是否显现而逐渐加强。

3. 追求理想型目标是为了解决"如何自我提升"这一问题的

诸如"骨干员工流失率虽然只有5%,远低于行业平均水平,但我相信,我们还可以做到更好。怎么办"这样的自我提升问题,会给我们"现状已经非常好了,如果能提升更好,就算无法提升也已经很优秀了"的感觉。

这类目标被制定出来后,目标的清晰性和对结果的渴求程度往往是最低的。

这种针对问题类型的目标分类方式,对我们明确目标有什么现实意义呢?最大的意义在于,如果我们可以将"隐性问题显性化",一旦"防范潜在型目标"和"追求理想型目标"达不成,从而引发的后果,也就是把"潜在损害"展现出来,就能唤醒我们的"损失规避"意识,提醒我们"如果不达成目标,损失就会发生",从而强化对目标达成的期待。

损失规避是著名心理学家卡尼曼和他的合作伙伴发现的。我们得到100元钱的快乐,远远低于我们损失100元钱的痛苦。例如,针对"我是模特,需要保持体形。怎么办"这个防范潜在型问题,只要换一种提问方式,就变成了"我是模特,需要保持体形。如果体重有所增加,我将失去工作。怎么办"。你可能已经体会到了,"保持体形"是"收获100元",而"失去工作"是"损失100元"。而"骨干员工流失率虽然只有5%,远低于行业平均水平,但我相信,我们还可以做到更好。怎么办"这样的自我提升问题,也可以转化为"如果不继续降低员工流失率,我们将失去行业领先水平"这样的显性化问题,那么,目标自然也就向同类型目标转化了。

二、目标有主动和被动之分

1. 主动目标是"我要怎样",被动目标是"要我怎样"

前面我们按照目标与待解决问题的对应形式将目标分成了三类:恢复原状型、防范潜在型和追求理想型。我们还可以根据目标的制定主体与执行主体是否一致,将目标分为主动目标和被动目标。主动目标的制定者和执行者是相同的,被动目标则不同。例如,主动目标是"我要怎样",被动目标是"要我怎样"。

例如减肥,主动目标是"我太胖了,我要减肥",被动目标是"我妈说我太胖了,要我减肥";又如达成业绩指标,主动目标是"公司的政策不错,自己去年做到了 120 万元,今年给自己领了 150 万元的目标",被动目标是"咱部门的指标下来了,我得扛 150 万元"。

2. 主动目标解决目标制定者面临的问题,被动目标不一定解决目标执行者的问题

主动目标是自发制定的,是为了解决目标制定者自己的某个问题;被动目标是外来的,是其他人或者自己所在组织制定的,解决的主要是目标制定者的问题,并不一定解决目标执行者的问题。

你可能会说:"不对吧?'我妈说我太胖了,要我减肥'解决的不是我自己的肥胖的问题吗?"看起来是这样的。但是,如果我们把现状和期望按照"我的视角"和"我妈的视角"拆分一下就会发现,"我太胖了"真不一定是"我"的问题,可能仅仅是"我妈"的问题。

问题是现状到期望的差距。胖是我的现状吗?我可能没觉得自己胖,感觉自己挺苗条的,肚子上虽然有点小赘肉,但每天吃饱后摸两下,还挺舒服的;而我妈不行,她是一个极为注重身材的人,我的身

材在她眼里早就没法看了。在这种情况下，我对现状身材的理解和我妈对现状身材的理解，以及我对自己身材的期望和我妈对我身材的期望就完全不一样了。

我的现状身材和期望身材相同，差距不大，胖不是我的问题；而在我妈眼中，我的现状身材和她期望的我的身材差距不小，如果我不减肥，她就看不下去了。所以，我妈"要我减肥"解决的，不是我的问题，是她"认为我胖，该减肥，否则她会焦虑"的问题。

再举一个工作中的例子。部门业务指标下发后，小王需要完成 150 万元。如果他觉得自己没有必要完成 150 万元，而 130 万元就挺好，这个目标就是被动目标。目标落实后要解决的可能不是小王的问题而是部门领导的问题。

3. 理解主动目标与被动目标可以参考影响圈与关注圈

美国著名管理学大师史蒂芬·柯维在《高效能人士的七个习惯》一书中提出过"影响圈"与"关注圈"的概念（见图 1-2）。

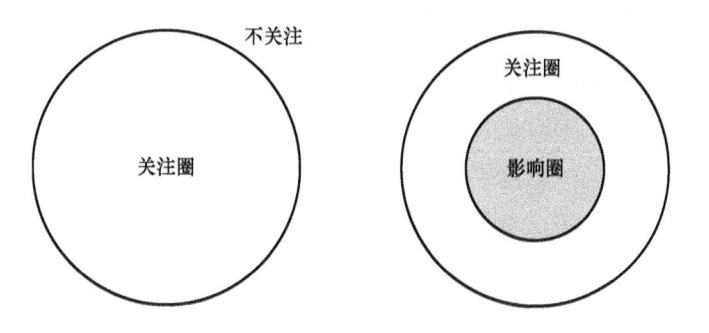

图 1-2 影响圈与关注圈

首先，他认为每个人都有关注的问题，如自身的健康、子女、事业、工作或社会环境等，这就是每个人的关注圈。这些都是一个人有兴趣关注的事，而那些不关注、不理会的则被排除在圈外。

然后，他在关注圈里又区分了可以被掌控的事和超出个人能力范围的事。前者在关注圈内又形成一个较小的圈，被称为"影响圈"，后者则不在掌控范围内。

他说，积极主动的人专注影响圈，他们专心做自己力所能及的事，他们的能量是积极的；而消极被动的人则全神贯注于关注圈，他们紧盯他人的弱点、环境问题以及超出个人能力范围的事。

按照这个理论，"我是否减肥"属于我自己影响圈的事情，属于我妈关注圈的事情，即我对自己是否减肥有最终的决定权且完全可控，而我妈对于我是否减肥虽然有一定的影响力，却无法决定和控制我。

如此一来，我自己制定的"要减肥"的目标是落在我影响圈内的主动目标，它会调动我的积极性；而我妈为我制定的"要我减肥"的被动目标极有可能落在我关注圈以外，因为我不关注所以会消极对待，甚至产生逆反心理。虽然这个理论围绕的是"高效能人士"，貌似从个人角度来分析的，但我们不难发现，这个理论放在"高效能组织"中也一样适用。

在《高效能人士的七个习惯》一书中有这样一个例子：

> 几年前，柯维曾为一家公司提供服务，其总裁被公认为精力旺盛，目光敏锐，能洞悉行业发展趋势，而且才华横溢，精明干练。但是他在管理方面独断专行，对下属总是颐指气使，就好像他们毫无判断能力一样。
>
> 这几乎让所有主管人心涣散，一有机会便聚在走廊上大发牢骚。乍听之下，他们的抱怨不但言之有理，而且用心良苦，仿佛确实在为公司着想，但实际上他们没完没了的抱怨无非是在以上司的缺点作为推卸责任的借口。
>
> 有一位主管说："那天我把所有事情都安排好了，他却突然跑来下了一通完全不同的指示，几句话就把我这几个月的

所有努力一笔勾销。我真不知道该如何做下去，他还有多久才退休啊？"

有人答道："他才59岁，你想你还能再熬6年吗？"

"不知道，不过他这种人大概是不会主动退休的。"

大家有没有体会到，这位被下属期盼着"早日退休"的领导犯了什么错？没错，他和前面那位母亲一样，将"让员工按照自己的意志完成任务"放到了自己的影响圈内，强硬地给了员工一个被动目标。而员工可能根本没有把他的意志当回事，或者只是迫于压力才不得不关注。

虽然目标被分为主动目标和被动目标，但从史蒂芬·柯维的理论来看，当个人或组织面对主动目标时，要比面对被动目标更加积极主动，而这并不意味着主动目标更容易达成，被动目标不容易达成。这主要得看目标制定者有没有"说清目标"，目标执行者有没有"听清目标"，这正是我们下节要讲的内容。

本节精要

目标有三种类型：恢复原状型目标、防范潜在型目标和追求理想型目标，每种目标都有主动和被动之分。主动目标是"我要怎样"，被动目标是"要我怎样"。区分主动目标和被动目标时，可以参考史蒂芬·柯维提出的影响圈和关注圈理论。

第三节 说清目标——目标的描述需要遵循 SMART 原则

在本章第一节里我曾经分析过缺乏执行力的三个原因，其中一个原因是目标不清晰。下面我们回顾一下导致目标不清晰的两个原因，然后分享一种帮助说清目标的工具。

⏮ 一、目标制定者没有对自己说清

很多人都认为自己是有追求、目标明确的人。如果我问你，你对生活的目标是什么？你可能比较务虚，会说"我希望岁月静好，生活幸福"；你也可能比较务实，会说"老婆孩子热炕头，外加一个财务自由"。但如果你真的把"岁月静好，生活幸福"当成了目标，把"财务自由"当成了目标，又会怎样呢？

岁月静好是什么样的？幸福又是什么样的？你是如何衡量幸福值的？财务自由的标准是什么？……你对这些问题是否有非常清晰的答案？如果没有，你就没办法定义和衡量，也不可能知道自己到底幸不幸福，财务是否自由。那么，问题出在哪儿了呢？问题出在你制定的目标并没有一个明确的、可衡量的描述。

我们再拿减肥来举例。你认为减肥是一个目标，但衡量的标准是什么？是体重，还是体脂率？要减重多少？是否可实现？是不计成本、不计后果地减，还是在保证健康的基础上去减？有没有时间限制？……这些都需要你说清楚，才能更好地执行。

⏮ 二、目标制定者没有对执行者说清

我曾经看到过一篇文章，讲的是日本有些大公司规定，目标制定者或管理者给下属或目标执行者部署任务时，会重复好几遍。重复形式可以是多种多样的。

例如，一位管理者可能会说："渡边君，麻烦你帮我做一件……事。"渡边君回复说："好的！"说完，转身要走。管理者叫住他："别着急，请你先回来。可以麻烦你重复一遍吗？"渡边君重复道："你是让我去

做……事，对吗？"管理者并不急着确认，而是继续问道："你知道我让你做这事的目的是什么吗？"渡边君并不会不耐烦，而是回答道："你让我做这事的目的大概是……，对吗？"

这位管理者虽然换了多种表达方式，但其最终的目的都是让目标执行者用自己的语言重新表述目标，这样既可以确保自己清晰地传递了目标，也可以确保对方清晰地接收并理解了目标。

对于小事情，这样传递目标是可以的，但如果是一件比较复杂的事呢？如果平时传递目标都要这样来回多次的重复，效率一定是低下的。而且，如果第一次传递的信息不准确，后续再多次的重复也不能解决根本问题。

怎么办？你需要学会描述目标的 SMART 原则，让目标制定者和执行者都能一目了然。

三、目标描述要遵循 SMART 原则

SMART 原则由管理学大师彼得·德鲁克于 1954 年提出，是目标管理的一种方法，任务是有效地进行成员的组织与目标的制定和控制，以达到更好的工作绩效。本书则借用 SMART 原则对目标的清晰描述这一作用，帮你更好地说清目标。

SMART 中的五个字母分别对应五个英文单词：**Specific**（明确性）、**Measurable**（可衡量性）、**Achievable**（可达成性）、**Realistic**（现实性）和 **Time-bound**（时限性）。

S（Specific，明确性）是要定义目标里的指标是什么

我们在工作、生活中制定的目标往往比较复杂、抽象，这就导致知道容易、入手难，从而需要找到一个指标去指代它。例如，岁月静

好这个目标，可以定义为自己和家人身体健康的程度；而财务自由就可以定义为银行账户里的存款额或者资产总额。再如，减肥的指标是减体重，降低人才流失的指标是流失率，都明确表述了具体的指标或明确的行为。

M（Measurable，可衡量性）是对指标给出一个可量化的、可用特定方法检测的标准

例如，财务自由这个目标的指标是存款。那么，存款达到多少，通过银行账户就可以检验，既是可量化的，又是可检验的。又如，减重 5 千克，可以通过体重秤来测量；骨干员工流失率，可以通过 HR 公式计算出来。而对餐厅服务员的服务意识就不太适合制定衡量指标，因为这很难被量化，所以需要把服务意识转化成可衡量的行为标准，如投诉率。

可量化的指标很重要。因为有了可量化的指标，才能知道目标是否能达成，达成到了什么程度，达成过程中的反馈如何。例如，有一天领导问下属："这个目标离实现大概还有多久？"团队成员的回答是："我们早完成了。"这就是领导和下属对团队目标所产生的一种程度分歧。原因很可能在于，领导没有给团队一个定量的可衡量的分析数据。

如果你说目标根本不是一个可量化的，怎么办？例如，有人希望跟他的爱人增强沟通、加深感情，并把这个作为目标。这确实不太好量化。如果没有办法可量化，就要给出一个明确的行为描述，如争吵次数的减少和激烈程度的降低等。

A（Achievable，可达成性）是看目标制定得是否符合实际

目标虚高、不符合实际也是造成目标不清晰的原因之一。例如，一位肥胖人士想在一个月内减重 5 千克，根据我们的过往经验，这个

第一章　明确目标有方向

目标是可能达成的，是符合实际的；但如果他的目标是一周内减重 50 千克，这个目标就是不符合实际的。

在职场中，我们经常遇到这样的情形：领导一厢情愿地把自己所制定的目标分配给下属，而下属其实是抗拒的。因为他们看不到这个目标实现的可能性：我可以接受，但是否能完成这个目标，我没有把握。如果这个目标没有完成，下属就可以理直气壮地说：我早就说了，这个目标肯定完成不了，是你非要分配给我。

目标是否符合实际，除了和我们自己的过往经验有关，还和什么有关呢？和下面的 R 原则有关。

R（Realistic，现实性）包括资源限制或条件限制（也可以理解为 Relevant，相关性）

现实性是指目标在什么样的资源限制或条件限制下去执行，前提和底线是什么。几乎所有目标的执行，都会受到资金、制度和流程的限制。例如，目标是一周内减重 10 千克，有没有可能呢？连续几天不吃不喝体重可能会减下来，但是伤害了身体，影响了健康。

减肥目标的制定往往不是孤立的，还要考虑与健康相关的事宜。这就对如何执行目标，即采取何种减肥方式做了具体的限定。所以 R 原则就是要描述清楚，为了达成目标，是不可以随意调动所有资源的，是有边界和底线要求的。例如，为了减肥不能影响身体健康，为了降低员工流失率不能随意增加工资成本等。

T（Time-bound，时限性）是在什么时间点达成这样的目标

目标都应该有时限性，否则也是不清晰的。

接下来，我们看看在生活和工作中应该如何使用 SMART 原则来描述目标。

1. 生活中的目标可以用 SMART 原则描述

在减肥这个例子中，如果我们认为"我要减肥"是不清晰的目标，那么你可以这样说：

在不影响健康的前提下，在 6 个月内将体重减掉 5 千克，将 BMI 降到 26。

其中，"在不影响健康的前提下"是现实性（R）；"在 6 个月内"是时限性（T）；体重要减掉多少呢？"体重减掉 5 千克，BMI 降到 26"，这是可衡量性（M）和明确性（S）。那么，这个目标是否可实现呢？根据我们过往的经验，"在不影响健康的前提下，在 6 个月内将体重减掉 5 千克，将 BMI 降到 26"是一个可达成的目标（A）。

利用这样符合 SMART 原则的语言来描述目标，就比较清晰了。

2. 工作中的目标可以用 SMART 原则描述

假如你是 HR 部门的领导，想跟下属同步"减少骨干员工流失"这个目标，你应该怎么说呢？是不是要表述清楚，指标是什么？如果是流失率，那么流失率降低多少，即如何衡量？时限性和现实性是什么？最终是否有可达成性？

最终的表述方式，可能类似这样：

在不增加人力资源成本的基础上（R），在第三季度末的时候（T），将骨干员工流失率（S）降低 5%，从 20% 变到 15%（M）。根据过往经验和同行业水平分析，这个目标虽然有难度，但可以达成（A）。

所以，SMART 原则提醒着你，当你试图制定、传达、接收一个目标的时候，一定要问自己或对方几个问题：这个目标是否有明确的标准？这个标准是否可衡量？有什么现实性和时限性？根据我们的经验，它是否可达成？

第一章　明确目标有方向

本节精要

有了目标，但没有说清楚目标的原因包括目标制定者没有对自己说清、目标制定者没有对执行者说清。如果采用 SMART 原则，就可以非常清晰地描述清楚目标。其中，S（Specific，明确性）是要定义目标里的指标是什么；M（Measurable，可衡量性）是对指标给出一个可量化的、可用特定方法检测的标准；A（Achievable，可达成性）是看目标制定得是否符合实际；R（Realistic，现实性）包括资源限制或条件限制；T（Time-bound，时限性）是在什么时间点达成这样的目标。

第二章

盘点资源有保障

"大师,我诚心向您求教!怎样才能最快赚到100万元?"

"存3 000万元到银行。"

"可是大师,我并没有3 000万元!"

"我教你如何挣到3 000万元。"

"那太感谢您了!我应该怎么做呢?"

"存9亿元到银行。"

—— 一则流行于网络的搞笑段子

第一节 掌握资源提升执行力

很多人在回答以下两个问题时,经常会得到相互矛盾的答案:

(1)你是否认为充足的资源是达成目标的必要条件?回答:好像是。

(2)资源匮乏是否一定无法达成目标?回答:好像不是。

第二章 盘点资源有保障

一方面，我们认为充足的资源意味着目标的可达成性更高。这一点好像没有什么值得探讨的，某些时候，我们可以认为它近乎等同于一个真理。

另一方面，有很多人强调"山重水复疑无路，柳暗花明又一村"，认为资源的匮乏有时也会成为创新的助力，很多创业者或创新者在一无所有的情况下反而能取得不错的成绩。

一、资源匮乏不等于没有资源，清晰掌握才是关键

曾执导著名科幻电影《阿丽塔:战斗天使》的好莱坞导演罗伯特·罗德里格兹在成名前可没那么引人关注。1991 年年初，这个初出茅庐的电影人为了筹集拍电影的钱，参加了一项药物研究。这项研究要求参与者住院一个月，并服用实验药物。作为回报，他能挣到大约 3 000 美元。毫无疑问，他是在用自己的身体健康作为赌注，但他说："如果你挣的是血汗钱，我是说通过辛劳和汗水挣来的钱，那你在花钱的时候就会十分小心。"话虽如此，但我们可以推测他这样做的唯一原因就是他比较穷困。

在资源极度匮乏的情况下，罗德里格兹不仅一个人承包了编剧、摄影师、剪辑师、音效师和制作助理等角色，还自己做道具、请朋友客串等，节省了大量开支。罗德里格兹推断，如果按照好莱坞盛行的传统的电影制作方式拍摄自己的电影，至少需要 10 万美元，可他最终仅花费 7 000 美元，就拍出了让他成名的电影《杀手悲歌》。这部仅花费 7 000 美元拍摄的电影，竟然用 50 万美元的价格卖出去了，并最终赢得了 200 万美元的票房，是好莱坞迄今为止仍被津津乐道的低成本电影。

说了这么多，并不是告诉你资源不重要。罗德里格兹的故事可以让我们从另一个角度看待资源匮乏这种情况：罗德里格兹确实缺少资

源，但这个资源更多指的是财力资源。在电影拍摄过程中，几乎所有资源都是可以通过财力资源进行转化的。而他拥有一个其他人没有的能力，那就是他优秀的创作能力，我们可以把这个能力归为人力资源中的一项。

很多资源匮乏但也能成功的人可能只是在某些方面资源匮乏，而在某些方面则具备相应的能力，从而具有达成目标的潜力。所以，在这一节我们主要盘点资源，并不刻意区分资源的多与少，强调的是，要对资源，尤其是对决定目标成败的资源有一定的了解。

在第一章"目标描述要遵循SMART原则"一节中有两个原则都和"资源"有关，那就是Achievable（可达成性）和Realistic（现实性）。当时在解释它们时，我只是笼统地讲到借助以往的经验和资源限制或条件限制，是可以判断目标是否容易达成的，其中体现的就是对资源的清晰认识和对目标可达成性的影响。

我们以罗德里格兹拍摄电影的故事为例。尽管很多人再三强调他们是如何在资源匮乏的情况下完成的电影，但不得不承认，如果没有当时的7 000美元，外加罗德里格兹自己在电影制作方面的各种能力，他可能就和这部让他一举成名的作品失之交臂了。罗德里格兹清晰地认识到了自己缺少什么、拥有什么，知道达成自己的目标是有极大可能的，知道在这样的条件下如何做才能接近自己的目标。而现实是，很多人在没有掌握自己所拥有的资源的前提下，就盲目定下了一些目标，并盲目地去执行。如果不清楚自己掌握的资源，就更容易制定或开始一个不太容易达成的目标，最终导致执行失败。

⏮ 二、执行力不足很大一部分原因是对资源缺乏了解

在减肥案例中，我们最后通过SMART原则给出的描述是：

在不影响健康的前提下，在 6 个月内将体重减掉 5 千克，将 BMI 降到 26。

当时我们给出的判断是：凭以往经验是极有可能达成的，很有信心。那么，这个"以往经验"有没有结合现实资源呢？看起来结合了，做过"资源盘点"了：只需管住嘴、迈开腿，无须花太多钱，也不买昂贵的器械，每天抽出时间履行即可。真的是这样吗？如果对比美国统计公司 Statistic Brain 的调查就会发现，在新年打算节食或健身的人群中，一周后坚持者还剩 75%，两周后还剩 71%，一个月后还剩 64%，半年后还剩 46%。

按照以往经验，多数人都以为自己可以达成坚持锻炼、减肥的目标，而实际上能够坚持 6 个月的人还不足目标制定者的一半。为什么？我们在强调人的执行力有强有弱时，是否忽略了当初制定目标的人可能对自己所拥有的能够支撑目标达成的资源掌握得不够充分的原因呢？在减肥案例中，资源并不仅限于金钱的投入和健身设备的购入，更主要的是目标制定者的个人时间和精力。从这个角度看，很多喊着要减肥的人并不清楚，自己能够投入到健身减脂上的时间和精力究竟有多少，有没有坚持连续健身 6 个月的可能性，结果只能是执行失败。

所以，下一节我们就来盘点一下我们的资源。

本节精要

资源在目标执行过程中的作用很重要，目标的可达成性和现实性都有赖于资源的充足程度。但对资源的理解往往存在误区，例如，资源匮乏等于没有资源。

第二节　借助模型确定盘点项

如果已经认识到掌握资源对目标达成和高效执行的重要性，那么应该盘点哪些资源呢？"资源"二字，最先让人想到的是人力、财力和物力资源，这三种资源可以概括绝大部分资源，但并不完全，如信息资源就容易被忽略掉。为了解决资源分类问题，我们借用了吉尔伯特行为工程模型。

一、吉尔伯特行为工程模型能有效分析个人和组织绩效影响因素

国际绩效大师托马斯·吉尔伯特在他的里程碑式的著作《人的能力：绩效价值工程》一书中提出了"行为工程模型"（Behavior Engineering Model），这是一个有效分析个人和组织绩效影响因素的模型（见图2-1）。

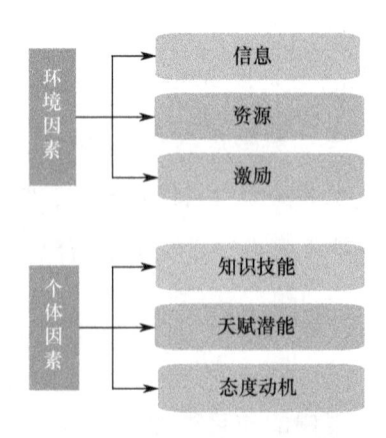

环境因素 → 信息
环境因素 → 资源
环境因素 → 激励

个体因素 → 知识技能
个体因素 → 天赋潜能
个体因素 → 态度动机

图2-1　吉尔伯特行为工程模型

吉尔伯特通过大量的对个人和组织的统计分析后发现，有两类影响绩效的因素，一类是环境因素，另一类是个体因素。

环境因素包含信息、资源、激励三个部分

（1）信息：包含与目标执行相关的所有信息，以及执行过程与结果的有效反馈。

（2）资源：包含目标执行的人、财、物等资源（资金，身体和心理环境，工具、设备和场地环境）、程序和步骤。

（3）激励：包含目标执行到位且能满足需要，有清晰的激励和奖惩措施。

个体因素包含知识技能、天赋潜能、态度动机三个部分

（1）知识技能：包含与目标执行相关的必要的知识、经验和技能。

（2）天赋潜能：包含个人特点，性格特质，倾向性，生理、心理和情绪的局限性。

（3）态度动机：包含对目标的价值认知、信心和情绪。

吉尔伯特认为，对绩效影响最大的是环境因素，占比为 75%，个体因素的影响占比仅为 25%。这里我们借用这个模型帮助我们明确，想要达成目标，究竟要盘点哪些资源。

二、吉尔伯特行为工程模型可以转化为资源盘点模型

例如，当我们的目标是减肥时，就需要关注这些问题：

1. 信息

- 如果你做错了，会有人纠正你吗？
- 是否有提醒运动的机制，并能够获得运动数据？

2. 资源

- 你是否有足够的时间和精力执行自己的目标？
- 你是否购买了运动装、跑鞋或泳衣等相应的运动装备？
- 你是否有运动的场地？

- 你是否有详细的运动教程？

3．激励
- 当有了进步时，你是否会得到奖励？
- 你的家人和朋友是否会鼓励你？
- 如果没达成目标，是否有惩罚？

4．知识技能
- 你是否知道减肥与减脂的区别？
- 你是否知道至少一种成功减肥的做法？
- 你是否有过减肥成功或失败的经验？
- 你是否有能力坚持制作减肥餐？

5．天赋潜能
- 哪种运动方式、饮食结构对你减肥的效果最明显？
- 最终选择的减肥方案适合你的身体和心理承受力吗？

6．态度动机
- 你是否发自内心地认为，减肥对自己意义超凡？
- 你是否坚信自己可以完成目标？
- 想到即将开始的减肥计划，你的情绪是积极亢奋的，还是消极抵抗的？

以上问题不仅涵盖了常规意义上的人力、财力和物力资源，还囊括了几乎全部与目标相关的一切资源，我们完全可以依此进行细致的资源盘点。

本节精要

吉尔伯特行为工程模型是绩效管理工作中常用的个人、组织绩效影响因素的分析模型，合理利用这个模型可以对几乎所有对目标执行有影响的因素进行梳理。

第三节　使用清单盘点资源量

现在我们是否可以利用吉尔伯特行为工程模型着手盘点自己的资源了？其实还远远不够。前面的案例只是带领我们体会了吉尔伯特行为工程模型中每个要素的大致含义。如果只是借鉴那些问题，然后给出笼统的答案，还远远没有达到"盘点"的目的。那么，我们究竟该如何盘点资源呢？

资源盘点包括四步。大家每次都可以按照这四步进行资源盘点，并逐渐养成习惯。

第一步　熟悉资源盘点列表

这一步是最简单的，我们可以直接借用吉尔伯特行为工程模型，列举其中所有的资源清单，从而形成一个通用的资源盘点列表（见表 2-1）。这部分工作我已经帮你做好了，多数情况下你直接拿去使用即可。如果遇到特殊情况，只需在这个资源盘点列表上修改、填补或者删除即可。

表 2-1　资源盘点列表（一）

序号	因素类型	资源类型	资源项	具体内容	资源丰沛度				后续调整
					丰富	一般	较少	缺失	
1	环境因素	信息	数据信息	与目标执行相关的所有数据信息					
2			执行反馈	执行过程与结果的有效反馈					

(续表)

序号	因素类型	资源类型	资源项	具体内容	资源丰沛度 丰富	资源丰沛度 一般	资源丰沛度 较少	资源丰沛度 缺失	后续调整
3	环境因素	资源	人力资源	组织或个人的人力资源、时间精力					
4			财力资源	资金充裕					
5			物力资源	工具、装备、设备、场地					
6			程序步骤	现成的制度流程和执行指南					
7		激励	物质奖励	阶段目标或总目标达成后的财、物相关奖励，如奖金、美食					
8			精神鼓励	阶段目标或总目标达成后的荣誉、夸奖、认可					
9			惩罚方式	阶段目标或总目标未达成后的惩罚措施					
10	个体因素	知识技能	执行方法	对制度流程和执行指南的掌握程度					
11			相关经验	有益目标达成的相关经验					
12			技能技巧	有益目标达成的相关技能					
13		天赋潜能	特点特质	组织或个人具备达成目标的天赋					
14			身心条件	组织或个人具备达成目标的身体和心理素养					
15		态度动机	价值认同	组织或个人对目标有强烈的价值认同					
16			信心储备	组织或个人对实现目标有信心					
17			情绪准备	组织或个人不对目标产生抵抗情绪					
			备注项						

第二步　掌握资源丰沛度

在资源盘点列表中有一项"资源丰沛度",我将它简单地划分成四种程度:丰富、一般、较少和缺失。你可以直接按照字面含义去理解:前三种表明有资源,可以对资源进行一个简单的定量分析,最后一种则代表此项资源缺失。

这一步的任务是,判断想要高效地执行目标,现有的资源量如何。做法比较简单,只需凭借自己的现有认知,在对应的资源项与资源丰沛度的交叉点做好标记即可。

例如,在减肥案例中,有人就按照"在不影响健康的前提下,在6个月内将体重减掉5千克,将BMI降到26"这个目标,对自己的资源丰沛度做了标记(见表2-2)。

表2-2　资源盘点列表(二)

序号	因素类型	资源类型	资源项	具体内容	资源丰沛度				后续调整
					丰富	一般	较少	缺失	
1	环境因素	信息	数据信息	与目标执行相关的所有数据信息	☆				
2			执行反馈	执行过程与结果的有效反馈	☆				
3		资源	人力资源	组织或个人的人力资源、时间精力		☆			
4			财力资源	资金充裕			☆		
5			物力资源	工具、装备、设备、场地		☆			
6			程序步骤	现成的制度流程和执行指南		☆			
7		激励	物质奖励	阶段目标或总目标达成后的财、物相关奖励,如奖金、美食		☆			

（续表）

序号	因素类型	资源类型	资源项	具体内容	资源丰沛度 丰富	资源丰沛度 一般	资源丰沛度 较少	资源丰沛度 缺失	后续调整
8	环境因素	激励	精神鼓励	阶段目标或总目标达成后的荣誉、夸奖、认可		☆			
9			惩罚方式	阶段目标或总目标未达成后的惩罚措施				☆	
10		知识技能	执行方法	对制度流程和执行指南的掌握程度			☆		
11			相关经验	有益目标达成的相关经验				☆	
12			技能技巧	有益目标达成的相关技能		☆			
13	个体因素	天赋潜能	特点特质	组织或个人具备达成目标的天赋		☆			
14			身心条件	组织或个人具备达成目标的身体和心理素养		☆			
15		态度动机	价值认同	组织或个人对目标有强烈的价值认同	☆				
16			信心储备	组织或个人对实现目标有信心			☆		
17			情绪准备	组织或个人不对目标产生抵抗情绪		☆			
		备注项							

第三步　判断资源缺口

在对资源丰沛度进行判断之后，接下来就要判断资源缺口了。在第二步，并没有要求你对资源进行详细定量分析，原因有两个：一是资源项较多，每种资源项下又都有一些主观判断类的内容，很难定量；

第二章 盘点资源有保障

二是盘点资源最重要的是通过资源盘点列表，体现出资源较少、缺失的部分就可以为调整目标与资源申请提供参考了。

在减肥案例中，我们一起来看看应该如何利用资源盘点列表做好资源缺口的判断（见表 2-3）。

表 2-3 资源盘点列表（三）

序号	因素类型	资源类型	资源项	具体内容	资源丰沛度				后续调整
					丰富	一般	较少	缺失	
1	环境因素	信息	数据信息	与目标执行相关的所有数据信息	☆				
2			执行反馈	执行过程与结果的有效反馈	☆				
3		资源	人力资源	组织或个人的人力资源、时间精力		☆			
4			财力资源	资金充裕			☆		
5			物力资源	工具、装备、设备、场地		☆			
6			程序步骤	现成的制度流程和执行指南		☆			
7		激励	物质奖励	阶段目标或总目标达成后的财、物相关奖励，如奖金、美食		☆			
8			精神鼓励	阶段目标或总目标达成后的荣誉、夸奖、认可		☆			
9			惩罚方式	阶段目标或总目标未达成后的惩罚措施				☆	
10	个体因素	知识技能	执行方法	对制度流程和执行指南的掌握程度			☆		
11			相关经验	有益目标达成的相关经验				☆	
12			技能技巧	有益目标达成的相关技能		☆			

（续表）

序号	因素类型	资源类型	资源项	具体内容	资源丰沛度 丰富	资源丰沛度 一般	资源丰沛度 较少	资源丰沛度 缺失	后续调整
13	个体因素	天赋潜能	特点特质	组织或个人具备达成目标的天赋		☆			
14			身心条件	组织或个人具备达成目标的身体和心理素养		☆			
15		态度动机	价值认同	组织或个人对目标有强烈的价值认同	☆				
16			信心储备	组织或个人对实现目标有信心			☆		
17			情绪准备	组织或个人不对目标产生抵抗情绪		☆			
		备注项							

在表2-3中，我用框线将较少或缺失的部分单独标注了出来，它们分别是财力资源、惩罚方式、执行方法、相关经验和信心储备。

需要注意的是，虽然这些项被标注为较少或缺失，但并不一定都有资源缺口。

例如，在财力资源这一项中，虽然标注的是较少，但减过肥的人都知道，如果方法得当，减肥目标的达成是可以不依赖财力的。其他几项资源（如惩罚方式、执行方法、相关经验和信心储备）则需要进一步调整。

第四步　做出资源调整

原则上，当发现资源缺口时，我们需要调整的方向有两个：一是调整

第二章 盘点资源有保障

目标，降低期望；二是在保证目标和期望不变的情况下增加资源投入。

虽然降低目标可以降低资源需求，从而减少资源缺口，但如此一来最初的目标就发生了改变。所以，可以采用调整目标的方式，但要谨慎采用。例如，起初减肥的目标是在 6 个月内减重 5 千克，后来发现自己的时间和精力不够，就将目标下调为 3 千克，这是可以的；而曾经感动中国的"暴走妈妈"陈玉荣为了争分夺秒割肝救子，在尽量短的时间内降低体脂率，消除脂肪肝症状以达到手术要求的目标，是无论如何也不能降低或下调目标的。所以陈玉荣只能选择调整资源，投入更多的时间和精力，以求目标的达成。

我们仍以减肥为例，当框线中的惩罚方式、执行方法、相关经验和信心储备较少或缺失，又不想下调目标时，应该如何增加资源投入？（见表 2-4）

表 2-4 资源盘点列表（四）

序号	因素类型	资源类型	资源项	具体内容	资源丰沛度				后续调整
					丰富	一般	较少	缺失	
1	环境因素	信息	数据信息	与目标执行相关的所有数据信息	★				
2			执行反馈	执行过程与结果的有效反馈	★				
3		资源	人力资源	组织或个人的人力资源、时间精力		★			
4			财力资源	资金充裕			★		不做调整
5			物力资源	工具、装备、设备、场地		★			
6			程序步骤	现成的制度流程和执行指南		★			

57

（续表）

序号	因素类型	资源类型	资源项	具体内容	资源丰沛度 丰富	资源丰沛度 一般	资源丰沛度 较少	资源丰沛度 缺失	后续调整
7	环境因素	激励	物质奖励	阶段目标或总目标达成后的财、物相关奖励，如奖金、美食	☆				
8			精神鼓励	阶段目标或总目标达成后的荣誉、夸奖、认可	☆				
9			惩罚方式	阶段目标或总目标未达成后的惩罚措施				☆	增加未完成惩罚
10	个体因素	知识技能	执行方法	对制度流程和执行指南的掌握程度			☆		向好友请教
11			相关经验	有益目标达成的相关经验				☆	
12			技能技巧	有益目标达成的相关技能	☆				
13		天赋潜能	特点特质	组织或个人具备达成目标的天赋	☆				
14			身心条件	组织或个人具备达成目标的身体和心理素养	☆				
15		态度动机	价值认同	组织或个人对目标有强烈的价值认同	☆				
16			信心储备	组织或个人对实现目标有信心				☆	微笑、积极面对
17			情绪准备	组织或个人不对目标产生抵抗情绪	☆				
备注项									

（1）缺失惩罚方式的调整方法是设置相应的惩罚策略。例如，某天的运动量不达标，则在第二天进行加量，既有惩罚的效果，又弥补了前一天运动量的不足。

第二章 盘点资源有保障

（2）执行方法较少和相关经验缺失是同类问题，可能是目标执行者没有减肥经验导致的。这就需要目标执行者刻意收集和练习与减肥相关的经验技能，例如，向他人请教或自己摸索。

（3）信心储备不足的情况则因人而异。有的人做什么事情都信心满满，但成功率不高；有的人总是畏畏缩缩，一点也不自信，但是一步步执行下去总能取得不错的成绩。无论怎样，信心对于目标的达成是有正面作用的，只是不像资金、时间等可以衡量和方便增减。对于缺乏信心的朋友，我们建议无论面对什么目标都要微笑面对，并且运用积极的自我暗示，心中默念"我（们）可以"。

在第五章，我们还会针对态度动机、知识技能、时间、精力等资源的管理方法做进一步的阐述。

到此，基于清晰描述的目标所做的资源盘点就结束了。虽然是资源盘点，但是涉及了目标调整、资源争取或资源重新分配等操作。做好这些准备以后，我们就要进入"重构篇"，开始"目标拆解"。

本节精要

在确定利用吉尔伯特行为工程模型转化的资源盘点清单盘点资源之后，需要先对每个资源项进行"具体内容"的明确，然后通过熟悉盘点列表、掌握丰沛度、判断缺口和做出调整四个步骤，对与目标相关的所有资源项进行彻底的盘点。

第二部分

重构篇

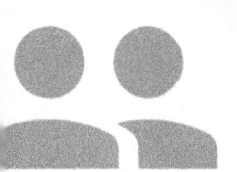

第三章

拆解目标有工具

山田本一是日本著名的马拉松运动员。他曾在1984年和1987年的国际马拉松比赛中，两次夺得世界冠军。记者问他凭什么取得如此惊人的成绩，山田本一总是回答："凭智慧战胜对手！"

大家都知道，马拉松比赛主要是运动员体力和耐力的较量，爆发力、速度和技巧都还在其次。因此对山田本一的回答，许多人觉得他是在故弄玄虚。

10年之后，这个谜底被揭开了。山田本一在自传中这样写道：

在最开始时，我总是把目标定在终点线的旗帜上，结果当我跑到十几公里的时候就疲惫不堪了，因为我被前面那段遥远的路吓到了。

后来，每次比赛之前，我都要乘车把比赛的路线仔细地看一遍，并把沿途比较醒目的标志画下来。例如，第一标志是银行，第二标志是一棵古怪的大树，第三标志是一座高

第三章 拆解目标有工具

楼……这样一直画到终点。

比赛开始后，我就以百米冲刺的速度奋力地向第一个目标冲去，到达第一个目标后，我又以同样的速度向第二个目标冲去……40多公里的赛程，被我分解成几个小目标，跑起来就轻松多了。

—— 一则广为流传的目标管理故事

第一节 目标拆解的根本目的是方便管理和促进达成

目标管理包括组织目标管理和个人目标管理。

管理学大师彼得·德鲁克认为，企业或团体必须制定总目标，以及与总目标相一致的分目标，才能更好地指导员工的生产和管理活动。他于1954年在其名著《管理的实践》中最先提出了"目标管理"的概念，之后又提出"目标管理和自我控制"的主张。德鲁克认为，并不是有了工作才有目标，而是有了目标才能确定每个人的工作。所以，在工作状态下，个人工作目标是依托于组织目标的。

一、拆解是目标管理的重要组成部分

经典管理理论对目标管理的定义为：目标管理是以目标为导向，以人为中心，以成果为标准，而使组织和个人取得最佳业绩的现代管理方法。目标管理，又称成果管理，俗称责任制，是指在企业职工的积极参与下，自上而下地确定工作目标，并在工作中实行"自我控制"，自下而上地保证目标实现的一种管理办法。

如果在一个领域内没有目标，这个领域的工作必然被忽视。因此，管理者应该通过目标对下级进行管理。组织高层管理者确定了组织目

63

结构化工作法 | STRUCTURED WORKING METHOD

标后,必须对其进行有效分解,转变成每个部门以及每个人的分目标。管理者根据分目标的完成情况对下级进行考核、评价和奖惩。换句话说,企业目标要拆解为个人目标,才能被落实。

企业目标应该这样,个人目标也应该这样。

印度国宝级导演兼演员阿米尔·汗有次接受中国主持人鲁豫的采访。当谈到拍摄《摔跤吧!爸爸》,他先增肥拍摄年老的父亲,然后再减肥拍摄影片开头的摔跤手时,鲁豫说:"这样的经历真的好难!"阿米尔·汗却说:"如果你想做成某件很难的事情,你只看最终结果的话,就会觉得太难了,肯定完成不了。这就像登一座高山一样,如果你一直看着山顶,就会觉得你永远登不上去。所以这里有个诀窍,不要看最终的目的地,永远只看下一步,告诉自己下一步要到哪里,集中注意力到下一步就行。"看得出来,阿米尔·汗是一位拆解个人目标的高手。

畅销书《巨人的工具》作者、美国著名作家蒂姆·费里斯,除了写过很多本知名著作,还能说六门外语——中文、韩文、日文、德语、西班牙语、意大利语,并通过远程工作,经营一家营养品跨国公司,精通散打和流镝马,保持一项探戈舞吉尼斯世界纪录,是一位真正的精英牛人。从他取得的这些成就我们可以推断,蒂姆·费里斯也是一位深谙高效学习的高手,而他的学习之道也是拆解。

蒂姆·费里斯在书里、在 TED 演讲中都曾分享过他的学习秘诀:一个叫作 DSSS 的模型。DSSS 是四个英文单词的首字母,即解构(Deconstruction)、选择(Selection)、排序(Sequencing)、下注(Stakes)。你是否已经发现,这个模型最先强调的是"解构"。

什么是解构呢?蒂姆·费里斯认为,多数技能看起来都不简单,在学习之前,要对整个领域进行透彻研究,找出最小的学习单元,并且对学习过程进行优化。

解构就是解析结构的意思。这也是结构思考力一以贯之的思维方式，遇到问题拆解问题，有了目标先拆解目标。

二、拆解是目标达成的必经之路

美国著名基督教领袖、慈善布道家和社会家罗伯特·舒乐博士创办的美国洛杉矶水晶大教堂（见图3-1），始建于1980年，历时12年完成，可容纳近万名信徒进行礼拜活动，是世界上规模最大的基督教堂之一。

图 3-1　美国洛杉矶水晶大教堂

1968 年的罗伯特·舒乐博士，身无分文却怀着对上帝的信仰，决心在美国加利福尼亚州建造一座水晶大教堂。他向著名的设计师菲力普·约翰逊说出了自己的梦想："我要建造的不是一座普通的大教堂，而是一座人间的伊甸园。"

菲力普·约翰逊问："你打算花费多少钱，来建造这座伊甸园呢？"

罗伯特·舒乐博士并没有隐瞒："此时此刻的我，并没有钱。正因如此，你要设计的这座水晶大教堂本身，才一定要具有足够的魅力来吸引捐款。"

结构化工作法 | STRUCTURED WORKING METHOD

我们都知道，慈善募捐在美国是很常见的筹款模式，罗伯特·舒乐博士将自己的希望寄托于社会的捐赠也是常规操作。只不过，菲力普·约翰逊在全盘考虑之后，将水晶大教堂的预算初步定为 700 万美元。这 700 万美元对于当时的罗伯特·舒乐博士，甚至绝大多数美国人来讲，都只能用天文数字来形容。

但是，罗伯特·舒乐博士并没有因此而气馁。拿到数字后的第一天夜里，他就拿出一页白纸，在最上面写下"700 万美元"的字样，接着快速地写下 10 行字：

寻找 1 笔 700 万美元的捐款；
寻找 7 笔 100 万美元的捐款；
寻找 14 笔 50 万美元的捐款；
寻找 28 笔 25 万美元的捐款；
寻找 70 笔 10 万美元的捐款；
寻找 100 笔 7 万美元的捐款；
寻找 140 笔 5 万美元的捐款；
寻找 280 笔 2.5 万美元的捐款；
寻找 700 笔 1 万美元的捐款；
卖掉 1 万扇窗户，每扇 700 美元。

对 700 万美元这个"天文目标"进行简单的拆解之后，罗伯特·舒乐博士终于长舒了一口气，因为他对这个数字有了清晰的概念，而且有了信心。

从此，罗伯特·舒乐博士开始了漫长的募捐生涯。

最开始，很多人都不认为罗伯特·舒乐博士的计划可以成功，但他并没有气馁，朝着最小的目标 700 美元继续前行。

幸运的事情发生在第 60 天，富商约翰·可林不仅被水晶大教堂奇特而美妙的模型所打动，也被罗伯特·舒乐博士的信仰与真诚所打动，拿出了惊人的 100 万美元，成为水晶大教堂的第一笔捐款。

而在第 65 天，一对听了罗伯特·舒乐博士演讲的农民夫妇，慷慨地捐出了 1 000 美元。

到了第 90 天，一位被罗伯特·舒乐博士所感动的陌生人，竟然开出了一张 100 万美元的银行支票。

到了第 8 个月，一名捐款者对罗伯特·舒乐博士说："如果你的努力能筹到 600 万美元，那剩下的 100 万美元就由我来支付。"

第二年，罗伯特·舒乐博士以每扇窗户 500 美元的价格邀请美国人认购水晶大教堂的窗户，付款的方法为每月 50 美元，10 个月分期付清。实际情况比预想的要好得多，还不到 6 个月，一万多扇窗户就全部认购完毕。

最终，建造水晶大教堂共用掉了 2 000 万美元，比最初预算多得多，全部是罗伯特·舒乐博士一点一滴筹集来的。

1980 年 9 月，历时 12 年可容纳一万人的水晶大教堂全部竣工，成为世界建筑史上的一个奇迹，也成为世界各地前往加利福尼亚州的人必去瞻仰的胜景——名副其实的人间伊甸园。

三、拆解的根本目的是更好的执行

山田本一、阿米尔·汗、蒂姆·费里斯和罗伯特·舒乐博士无一例外都是拆解目标的高手，并最终成功地达成了目标。拆解目标本身不是目的，我们只是借助目标拆解这个动作和产生的结果，帮助自己将"大事化小、小事化了"。

下面这个特别有意思的寓言小故事形象地说明了将大目标拆解成

最细小的目标后，将对执行产生多么大的影响。

  一个刚出厂的小闹钟，怀着激动的心情，准备开始自己的计时工作。

  此时，正好两个老闹钟正要返厂维修。看着老闹钟"滴答、滴答"有条不紊地走着，小闹钟心怀敬意地问道："如何才能做好一个闹钟？"

  其中一个老闹钟略带倦色地说："你只需一年走完3 200万次，就可以了。"

  "天哪！我一年要走3 200万次！这根本办不到！"小闹钟吃惊不已。

  另一个闹钟慢慢地说："不要听它胡说，你根本不用害怕，只需每秒滴答地摆一下就行了。"

  "天下真的有这么简单的事情吗？"小闹钟将信将疑地告别了两个老闹钟，抱着姑且试试的态度，开始了自己的计时工作，每秒钟轻松地摆动一下。

  不知不觉，一天过去了，一个月过去了，一年过去了……小闹钟真的摆动了3 200万次。连它自己都觉得惊讶，它精准地完成了一年摆动3 200万次的目标。

  这个小故事不仅可以放在目标管理的课程和书籍中，在行动管理、时间管理、自我激励等相关领域中也有广泛应用。这个短短的小故事之所以如此受欢迎，就在于其背后蕴含着看似浅显易懂、实则发人深省的现实道理。

本节精要

  本节基于几个故事，从拆解目标是目标管理的重要组成部分、拆解目标是帮助目标达成的必经之路，以及拆解目标的根本目的是为了更好地执行三个方面，说明了目标拆解可以有助于管理目标和促进目标达成。

第二节　目标拆解需要遵循 MECE 原则和逻辑原则

拆解目标如此重要，以至于在实际拆解之前，我必须和大家强调两个原则。如果在拆解的过程中忽略了这两个原则，你获得的小目标就会像使用斧头胡乱挥砍后的牛肉，碎骨、碎肉散落一地，面目全非；如果善用这两个原则，你就会像庖丁一样，一眼看透目标的"骨架"，游刃有余地将目标"骨肉"分离，清爽无比。

这两个原则就是目标分类要符合的 MECE 原则，目标排序要符合的逻辑原则。

一、目标拆解要符合分类的 MECE 原则

MECE 法则是麦肯锡公司的巴巴拉·明托在《金字塔原理》一书中提出的一个很重要的原则，是一种很有用的分析、分类方法。MECE 是英文 Mutually Exclusive Collectively Exhaustive 的首字母缩写词，中文意思是"相互独立、完全穷尽"，即所谓的"无重叠、无遗漏"，如图 3-2 所示。

1. 相互独立指的是，单独的一类里别混着其他类的东西

例如，水果这个分类中可以有苹果、橘子、梨，但不能有白菜、萝卜。说到这里，有的人会说：这么简单，还会有人分错吗？在日常生活中，我们对常见物品大概率不会分错，一来这是因为物品是有形

且可见的；二来这是在大家非常熟悉的事物中做分类。但在其他场景，例如工作中，就不一定了。

Mutually Exclusive Collectively Exhaustive

M E C E

无重叠　　　　无遗漏
相互独立　完全穷尽

图 3-2　MECE 法则

例如，在某企业解决问题的会议上，一位发言者是这么说的："这个问题是由下面四个原因导致的：一是人的原因；二是制度的原因；三是流程的原因；四是领导的原因。"

这段话中存在什么问题呢？领导的原因也属于"人的原因"这个范畴。显然，第一类和第四类没有做到相互独立，而是有重叠，有包含和被包含的关系。

又如，在建筑行业的建筑材料采购过程中，有的企业就会面临因为施工区域划分不清造成的建筑材料重复申购、重复采购的情况。虽然这种情况不常见，涉及的采购金额也非常小，但反映的却是管理上的漏洞，这也是因为拆分整体目标时没有符合 MECE 原则。

所以，目标拆解时一定要遵循"相互独立"的原则，以避免重复工作，并确保任务边界相对清晰。

例如，企业目标既可以按照时间分成阶段目标，如年度目标、季度目标、月度目标，也可以按照组织架构分成部门目标，如销售部、生产部、财务部、采购部、人力资源部等。无论采用哪种拆分方法，都必须保证阶段目标之间和部门目标之间目标的独立、无交叉。

除了按照时间节点和部门边界划分，生产现场管理目标还可以分为"人、机、料、法、环"五大方面的管理目标，每个方面之间不重叠。

另外，营销目标可以分为"产品、价格、渠道、促销"四个方面的分目标。

2. 完全穷尽指的是，要把所有的可能性都包含在各类别中，不要有所遗漏

例如，企业年初设定的部门目标，在时间上一定是贯穿整个部门所有运营时间段的，不能有时间点和时间段上的遗漏；在组织架构上一定是部门内所有员工分目标的总和，而不能只是部门某个人或某几个人的目标。同理，销售人员的年度目标也要包含所有方面，时间上要覆盖整个工作期间，内容上要包含与销售有关的财务目标、与顾客满意度有关的客户目标，以及与自我提升、团队共创等方面的分目标。

下面我们用生活中的例子来将MECE的概念变得形象化。

怎样对人进行分类？通常大家的第一反应就是按性别分成男人和女人。但是如果按照国际惯例，只把人分成男人和女人已经不符合MECE原则了，对吧？不过，按照我国最常规的分类方式，按照一个人所处的性别状态，分为男人和女人就是符合MECE原则的。

分类方法不是唯一的，例如，按婚姻状态可以把人分为已婚人士和未婚人士，这也符合MECE原则。但是，如果把人分为男士和未婚女士，就没有穷尽，因为少了已婚女士这一类；如果把人分为男士、女士和已婚男士，就是没独立，是包含和被包含的关系；如果把人分为男士和已婚人士，则既没穷尽也没独立，有重叠也有遗漏，完全不符合MECE原则。

MECE 原则是一个通用的分类原则，同样适用于目标拆解。但凡涉及分类的事物，违背该原则都会带来问题，这是在目标拆解时一定要注意的。

二、目标拆解要符合排序的逻辑原则

虽然知道了 MECE 原则是什么，但实际操作中，我们拆解目标时，还是有可能利用不好这个原则。例如，我们如何让小目标之间相互独立、完全穷尽？拆完之后，如何检验？对这些问题我们还是没有太清晰的答案。怎么办？我们可以借助另一个原则来辅助和检验，这个原则就是事物排列时所要遵循的逻辑顺序。我们可以借助事物与事物之间的逻辑性和相关性进行一些反向的推测、推理，从而帮助我们把事情想清、想全，把目标拆解彻底。

我们先来看一个网上流行的段子，体会一下所谓的逻辑顺序讲的是什么。

> 两个小和尚烟瘾犯了。
> 一个小和尚问师父："师父，我念经的时候可以抽烟吗？"
> 师父说："休想！"
> 另一个小和尚也想抽烟，但是他这么问："师父，我出去抽烟的时候可以念经吗？"
> 师父一脸和善地说："当然可以！"

这两个小和尚想做的事情其实是一样的，但因为他们表达的顺序不一样，所以师父的回应完全不一样。所以，对同一件事，如果排列顺序不一样，性质就可能不一样。

第三章 拆解目标有工具

大家可能听说过曾国藩报战况的段子。当时曾国藩带领的部队连续吃了几场败仗,但他不说"屡战屡败",而说"屡败屡战",这两个词语传达出来的精神状态完全不一样。这里我们所说的逻辑顺序,除了顺序,更强调的是"逻辑"。

我们再来看一个现实中的例子。这是一位企业内部培训师写的一页PPT:

> 与顾客拉近距离的技巧:
> 我一直保持微笑和目光的接触。
> 我不只回答顾客的提问。
> 我让顾客把话说完,不打断和猜测顾客还没有说完的话。
> 我提出适当的问题来询问顾客,以保持对方的兴趣。
> 如果顾客表现出不耐烦或不希望被打扰,我会尊重顾客的意愿。
> 如果顾客在某种产品前逗留时间较久,我会温柔地再次询问顾客是否需要协助。
> 我会展现我的个人风格,提供我的个人建议。
> 我总是使用正面的语言。
> 当顾客没有购买什么东西离开时,我会递上产品宣传册,欢迎他们再次惠顾。

培训师利用这些技巧教员工如何与顾客拉近距离。换句话说,这位培训师在帮助员工达成与顾客拉近距离这个目标。但是,如果你是他的学员,听他读完或者自己看完这页PPT,有什么感受?能记住吗?当然,肯定有能记住的人,但是绝大多数人是很难记住这些的。你会发现,培训师说的每句话都对,但把这些话放在一起后,你却不知道他说了什么。

结合 MECE 原则，可以使用哪些方式把这些培训技巧分类，以更清晰地理解其含义呢？有人说可以这样分，如图 3-3 所示。

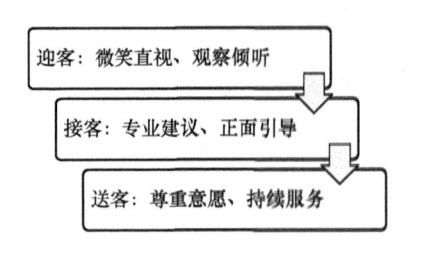

```
迎客：微笑直视、观察倾听
    ↓
接客：专业建议、正面引导
    ↓
送客：尊重意愿、持续服务
```

图 3-3　时间顺序

这是一种非常清晰的时间推进顺序。**按照顾客进店至离店的整个流程划分的阶段，我们称之为时间顺序。**我们可以体会一下，分类后（即便简单的分类），更容易记住培训师在说什么。我们可能发现了一个问题，那就是按照时间顺序进行的**分类，并没有把所有内容"穷尽"**。例如，有的培训技巧是在各个时间段都需要做到的，如微笑、观察等。所以，有人是这样分的，如图 3-4 所示。

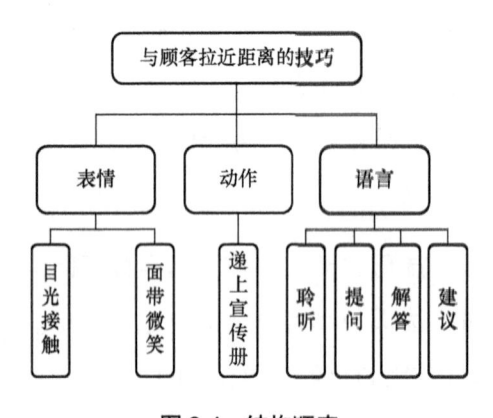

```
            与顾客拉近距离的技巧
        ┌────────┬────────┐
       表情      动作     语言
      ┌──┴──┐    │    ┌──┬──┬──┐
     目   面   递   聆  提  解  建
     光   带   上   听  问  答  议
     接   微   宣
     触   笑   传
              册
```

图 3-4　结构顺序

看上去按照结构顺序进行的分类要比按照时间顺序进行的分类更

加清晰一点。按照拉近与顾客的距离的整体行动的发生顺序，将整体行动拆分为不同的行为，排列各项培训技巧，即从顾客最先看到的表情到随之而来的动作，再到与顾客的语言交流。这种将整体切分为部分的方式，称为按照结构顺序进行分类。

还有没有其他分类方式呢？让我们再来分析一下，这些培训技巧并不属于同一个层面，有些是对销售人员的核心能力要求，有些是在不同情况下该如何应对的技巧。如果按照重要性，我们可以将这些培训技巧分为两个部分：第一部分是核心能力要求；第二部分是不同情况下的应对技巧。其中，不同情况又可以分为销售人员主动发起的动作（主动出击）和回应顾客的动作（防守反击），这种分类方式叫作按照重要性进行分类，如图3-5所示。

与顾客拉近距离：掌握核心能力要求，合理应对不同情况

核心能力要求	1 修炼内功
	保持微笑　　目光接触　　个人风格　　正面语言

应对技巧	2 主动出击	3 防守反击
	顾客在产品前久留时： 温柔地再次询问是否需要协助 顾客未购买离开时： 递产品宣传册，欢迎再次惠顾	提问题时：回答并提供建议 在说话时：不打断、不猜测 不耐烦时：尊重顾客的意愿 免打扰时：尊重顾客的意愿

图 3-5　重要性顺序

综上所述，归纳结构共有三种子顺序：时间顺序、结构顺序和重要性顺序（见图3-6）。

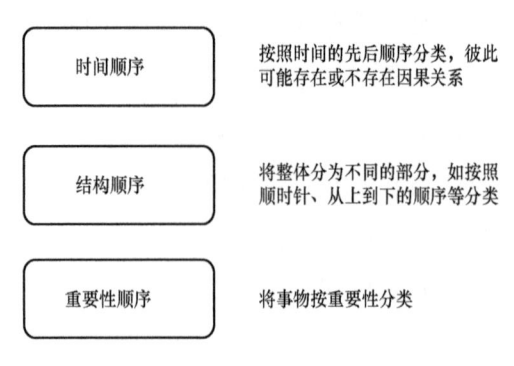

```
┌─────────────┐   按照时间的先后顺序分类，彼此
│  时间顺序   │   可能存在或不存在因果关系
└─────────────┘

┌─────────────┐   将整体分为不同的部分，如按照
│  结构顺序   │   顺时针、从上到下的顺序等分类
└─────────────┘

┌─────────────┐
│ 重要性顺序  │   将事物按重要性分类
└─────────────┘
```

图 3-6　归纳论证的子结构

同一个目标、问题或方案既可以按照时间，也可以按照组成结构和重要性进行分类。时间顺序比较好理解，如昨天、今天、明天，上午、下午、晚上，会前、会中、会后等。结构顺序比较难理解，它有两个维度，一个维度是空间，如物理世界中的顺序，上下左右、东南西北；另一个维度是事物的组成部分，例如，一个部门不同的岗位、不同的任务、不同的分工。重要性顺序也比较好理解，如首先、其次、再次等，这是我们日常中经常用的。

如果列举企业目标，使用哪种顺序最好呢？这要选用最适合当时情况的顺序，时间、结构、重要性都可以。无论采用哪种顺序，都要符合这三种顺序的逻辑。例如，按照月度排序，最好是从 1 月到 12 月。按照季度排序呢？第一季度（Q1）到第四季度（Q4）。如果顺序混乱，虽然可能不影响最终的分类结果，但一定是不符合逻辑顺序的，看起来和理解起来就没有那么清晰了。还需要注意的是，在一次拆解中，不可以同时出现两种或两种以上的顺序。

例如，当我们拆解企业目标时，这样拆解可不可以（见图 3-7）？

第三章　拆解目标有工具

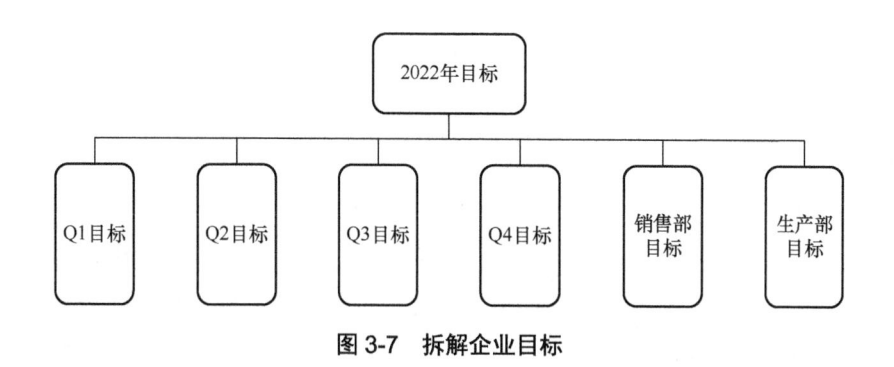

```
                    2022年目标
    ┌────┬────┬────┬────┬────┬────┐
  Q1目标 Q2目标 Q3目标 Q4目标 销售部  生产部
                              目标    目标
```

图 3-7　拆解企业目标

前四个目标是按照时间顺序拆解的，后两个目标是按照结构顺序拆解的，这种拆解是有问题的。一方面，它不符合我们的理解顺序，另一方面，它不符合 MECE 原则：Q1、Q2、Q3、Q4 目标之间是相互独立的，销售部目标和生产部目标之间也是相互独立的，但 Q1、Q2、Q3、Q4 目标往往已经包含这一阶段的销售目标和生产目标了。所以，同一个拆解分支的同一拆解层级，一定要保证从头到尾只使用同一种排列顺序，这可以从一个方面对目标分类是否符合 MECE 原则进行验证。

三、目标拆解要找有力抓手

知道原则是什么不是最重要的，如何利用原则进行目标拆解才是最重要的。有人可能觉得大概了解了这些原则，但感觉有一点空，不知道如何落地。所以，本节根据 MECE 和逻辑顺序两个原则，介绍拆解目标的三个有力抓手：关键节点、业务公式、重点因素。

1. 关键节点依托时间顺序对大目标进行拆解

我们可以将这些关键节点理解为"里程碑"或"转接点"，只有这些关键节点按照规定的时间和质量完成，目标才能达成，换句话说，这些关键节点的完成，是目标达成的充分必要条件。我们在日常生活中制定的日程表、解决问题的 6 个步骤、达成目标的 3 个阶段，都属

77

于按时间、按过程分类。这种分类法适用于项目进展和阶段汇报。

2. 业务公式依据结构顺序对目标进行拆解

通常，销售业绩的业务公式是：销售业绩=流量×转化率×单价。从该公式中很容易知道，要想提高销售业绩，就必须提高流量、转化率和单价，所有方案都要围绕这三个数据进行。因此，销售目标自然就可以拆解为流量提高目标、转化率提高目标和单价提高目标这三个子目标了。

当然，还有一类最简单的业务公式，类似于公司目标=所有部门目标之和、个人年度目标=工作目标+生活目标+学习目标。

3. 重要因素按照重要性顺序对目标进行拆解

这种拆解方法适用于，当目标的达成有多种途径且每种途径都可以同时进行时。例如，一个公司或团队想要打造爆款电动汽车，但存在很多不确定性因素，如性能、外观、内饰、价格定位等。这时就要选择对目标影响最大的那些因素。以性能为例，电动汽车潜在客户最关心的可能是续航里程、充电时间和电池安全这三项，而其他诸如动力加速性能、操控稳定性等没那么重要，可以不作为攻坚目标。这些目标的拆解，显然采用了重要目标先排列（集中优势主要攻克）、次要目标后排列的方式。

▌本节精要

为了确保目标被正确地拆解，就必须给目标拆解制定一些最基本的原则，其中最重要的两个原则是分类的 MECE 原则和排序的逻辑原则。基于这两个原则，我们还找到了拆解目标的三个有力抓手：关键节点、业务公式、重点因素。

第三节 目标拆解是从大到小的逐级细化过程

在明确了目标拆解是目标管理的重要组成部分、是目标达成的必经之路、能够帮助执行者更好地执行后，我们也学习了目标拆解需要遵循的两个原则——分类的 MECE 原则和排序的逻辑顺序，接下来就要着手拆解目标了。

就像那个小闹钟"精准地完成了一年摆动 3 200 万次的目标"是由"每秒滴答地摆一下"构成的一样，无论是小微企业的"小微目标"，还是跨国企业的"战略目标"，最终目标达成的结果也是由无数个小结果组合而成的。这些小结果就像一个个像素，共同架构起雄伟的"蓝图"。这些像素可以是每一秒时间的产出，也可以是组织拆分的最小颗粒度，也就是每个人的产出。所以企业的每个目标在开始执行之前都需要一步步细化为每个员工的个人目标，进而形成一套完善的、自上而下的目标细分体系。

通常情况下，对企业来讲完整的目标体系包括三层：企业目标、部门目标和个人目标（见图 3-8）。

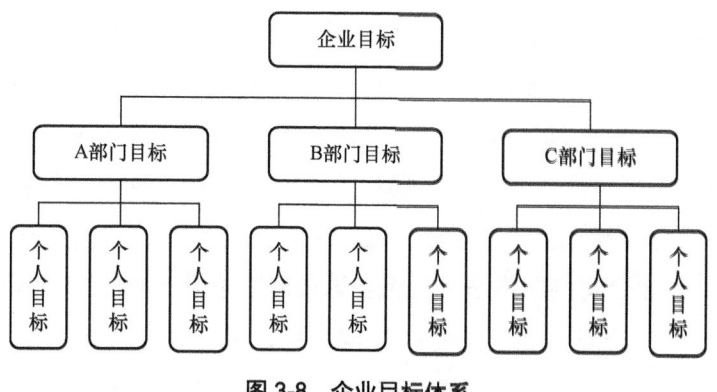

图 3-8 企业目标体系

企业目标非常关键，它是部门目标和个人目标的前提。

部门目标既是对企业目标的分解、细化，也是实现企业目标的关键。

从企业领导到普通员工的个人目标都必须围绕企业目标、部门目标来建立。

基于这样一个目标细分体系，企业目标的拆解从上到下分为三步：拆解企业目标，拆解部门目标，拆解个人目标。个人目标的拆解也可以借鉴企业层面和部门层面的拆解逻辑进行。

▶︎ 一、拆解企业目标

几乎所有企业目标都可以按照时间的长短分为使命、愿景与目标。

使命是指企业超长期的目标，短则二三十年，长则五十年甚至上百年。企业使命代表的是企业存在的理由。例如，迪士尼公司的使命是"使人们过得快活"，阿里巴巴集团的使命是"让天下没有难做的生意"，谷歌公司的使命是"整合全球信息，使人人皆可访问并从中受益"，结构思考力研究中心的使命则是"改善国人思维，提升企业沟通效率"。使命往往为了满足一种长期的社会需求，不会过时。

愿景是指企业的中长期目标，通常为五到十年或二十年。愿景的英文是"Vision"，有视觉或画面等的含义。也就是说，企业在考虑到不确定性等因素后，在未来的某段时间内所能看到的企业的样子。例如，结构思考力研究中心的愿景是"致力于成为一家值得信赖并受尊重的思维教育研究中心，到2029年帮助1亿职场人士、100万家企业改善思维、提升沟通效率"。和使命相比，愿景的阶段性更强，随着一个愿景的实现，企业会重新制定新的愿景。不过，有些企业会将愿景等同于使命。例如，亚马逊公司的愿景是"成为全球最以客户为中心的公司"。

目标是指企业的当下目标、短期目标，根据企业性质和规模而不同，通常不超过三年。不同于使命和愿景，目标更加务实，既要满足企业最基本的生存需要，又要支持企业的使命和愿景，推动企业愿景和使命的实现。

目标管理工作所需要聚焦的，往往是短期目标，所以之后我们提到的企业目标，均指这类目标。接下来继续对它进行拆解。

1. 按照时间顺序拆解企业目标

按照时间顺序拆解企业目标的方法比较容易理解，也容易掌握。例如，年度目标可以拆解为上半年度和下半年度目标，上半年度目标可以拆解为 Q1 目标与 Q2 目标，Q1 目标可以拆解为月度目标……如果需要，这些目标还可以进一步拆解到周目标、日目标等（见图 3-9）。当然，还有前面说过的，按照关键节点拆解的方法。

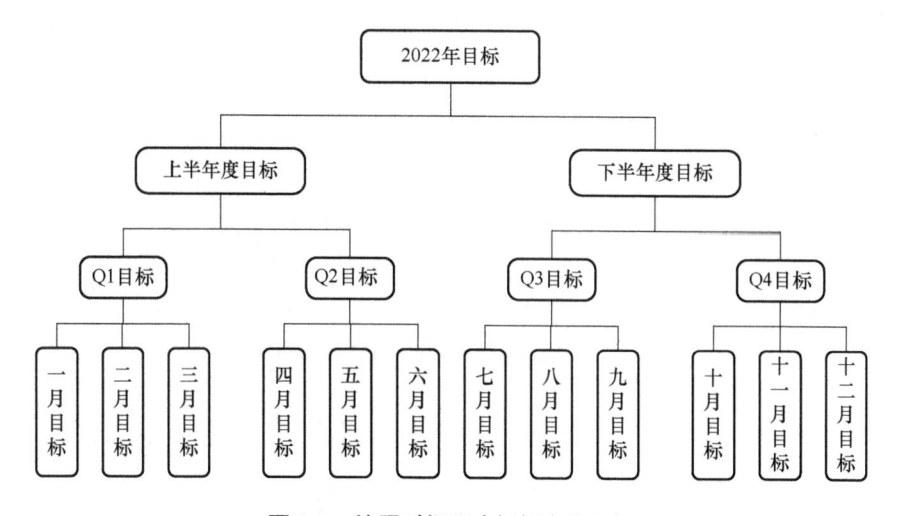

图 3-9 按照时间顺序拆解企业目标

按照自然时间、关键节点和阶段，把企业目标逐渐细化，好处是非常直观的。从中我们可以清晰地了解企业的年度规划。但缺点也很明显，即我们无法细化到具体的部门、项目、产品等层面，很难用一张图同时反映出财务、客户、运营等不同方面的子目标。这样的拆解很有必要，但需要结构顺序这种拆解方法作为支撑。

2. 按照结构顺序拆解企业目标

与按照时间顺序拆解企业目标不同的是，利用结构顺序拆解企业目标复杂一些，这是因为几乎所有企业都需要使用不同的分类维度来拆解目标。

最常用的企业目标结构化拆解方式是，按照组织架构将企业目标拆解为各个部门的目标，如销售部、生产部、财务部、采购部、人力资源部等。在企业运营流程中，各部门都有其存在的理由，销售部要完成销售任务，生产部要实现生产任务，采购部要完成采购任务等。由此我们可以把企业目标分别拆解到各相关部门，如销售额拆解到销售部，生产目标拆解到生产部，人力资源目标拆解到人力资源部……这些目标都是部门的关键职能，是部门可以直接控制的，从而成为部门的关键业绩目标（见图3-10）。

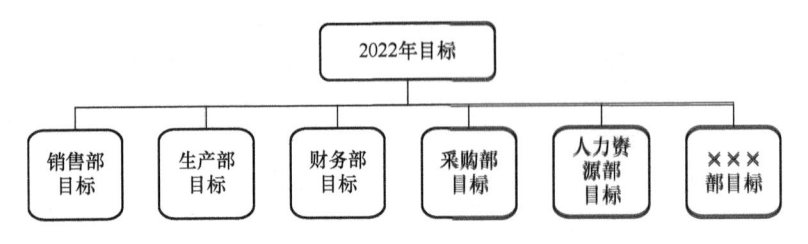

图3-10 按照组织架构拆解企业目标

有些企业的组织架构类似于项目制，因此它们的企业目标更适合按照项目/产品系列划分。例如，可以将企业目标拆解为各项目/产品目标（见图3-11）。

图3-11 按照项目/产品系列拆解企业目标

第三章 拆解目标有工具

我们还可以从企业绩效考核的角度来拆解企业目标。例如，平衡计分卡是一种常见的绩效考核方式，它从财务、客户、内部流程、学习与成长四个角度，将组织战略落实为可操作的衡量指标和目标值（见图3-12）。

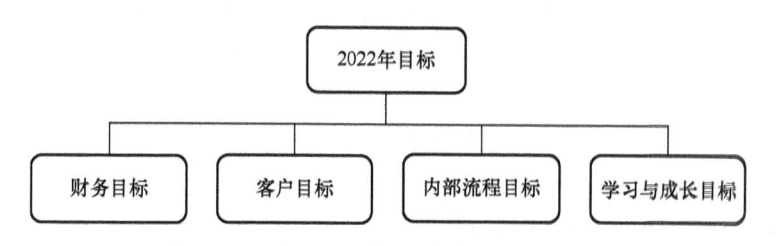

图3-12 从平衡计分卡的四个角度拆解企业目标

除了上述三种结构顺序的目标拆解方法，有的企业还会从覆盖区域、管理层级、财务或非财务等维度对目标进行拆解，这里就不一一列举了。需要注意的是，这些拆解方法并非单独使用，在确保分类符合 MECE 原则的前提下，不同的拆解方法可以穿插进行。例如，当企业目标先按照项目/产品系列目标进行拆解后，下一级的目标既可以采用时间顺序拆解，也可以采用结构顺序拆解（见图3-13）。

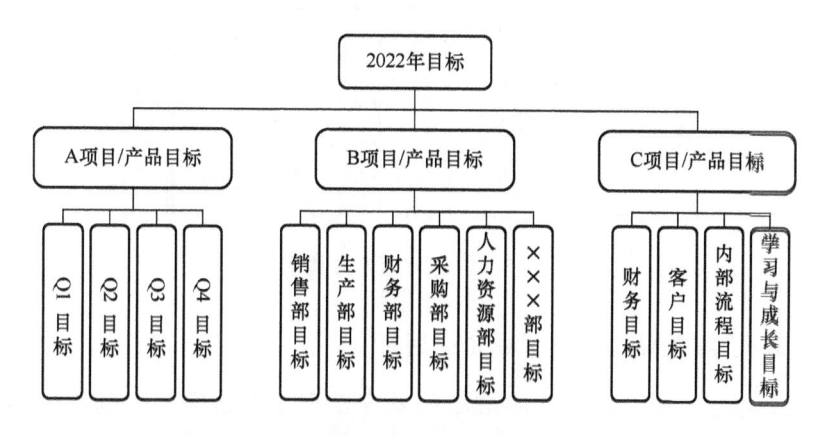

图3-13 使用多种方法拆解企业目标

但是，当我们把这个结构图画出来后就会发现，不同分支采用不

83

同拆解方法会造成整体逻辑的理解困难，也变相地增加了工作量。所以整体来讲，虽然原则上可以这么分，但还是建议实际操作时同一个目标拆解结构图的同一层次，采取相同的分类方式和排列顺序。如果需要交叉验证，可以使用另一种拆解方法重新拆解，然后形成多个目标拆解表（目标结构图），如图 3-14 所示。

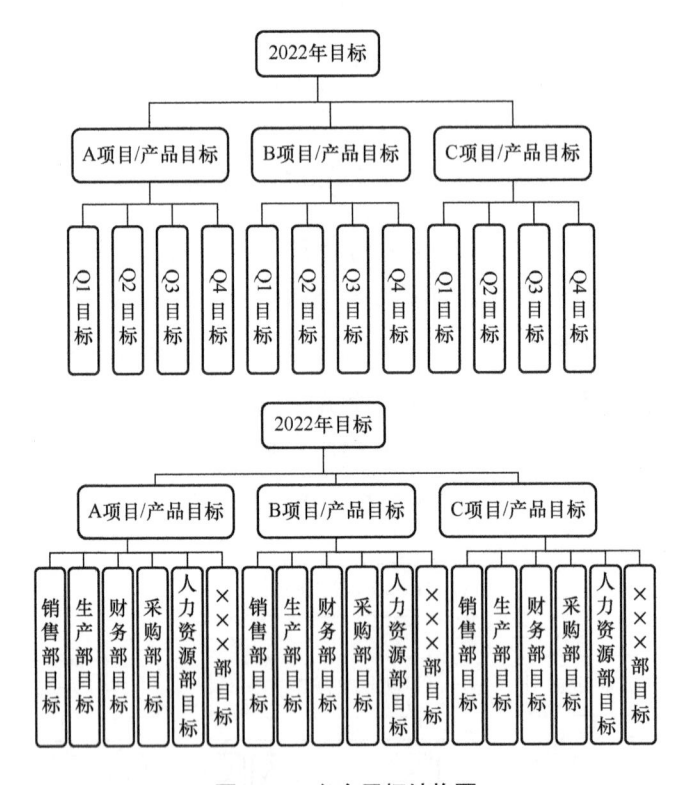

图 3-14　多个目标结构图

3. 按照重要性顺序拆解企业目标

理论上，按照时间顺序或结构顺序都可能将目标拆解彻底，但是不能保证符合 MECE 原则。例如，企业目标按照时间顺序可以分成月度目标，每月的工作内容是不同的，但总有一些是贯穿于季度、半年

第三章 拆解目标有工具

度甚至年度的目标。例如，生产型企业的安全目标需要在年初时进行强调；按照结构顺序分成不同部门、不同项目组、不同产品组的目标，虽然目标内容大相径庭，但企业的核心部门、重点项目、拳头产品的工作目标往往要被放在更加重要的位置，被率先制定、执行和监督，也需要在年初时进行强调。

所以，在拆解企业目标时，是否采用或体现重要性顺序，可以按照实际情况进行。

我们一起看一个企业目标的拆解示例（见图3-15）。

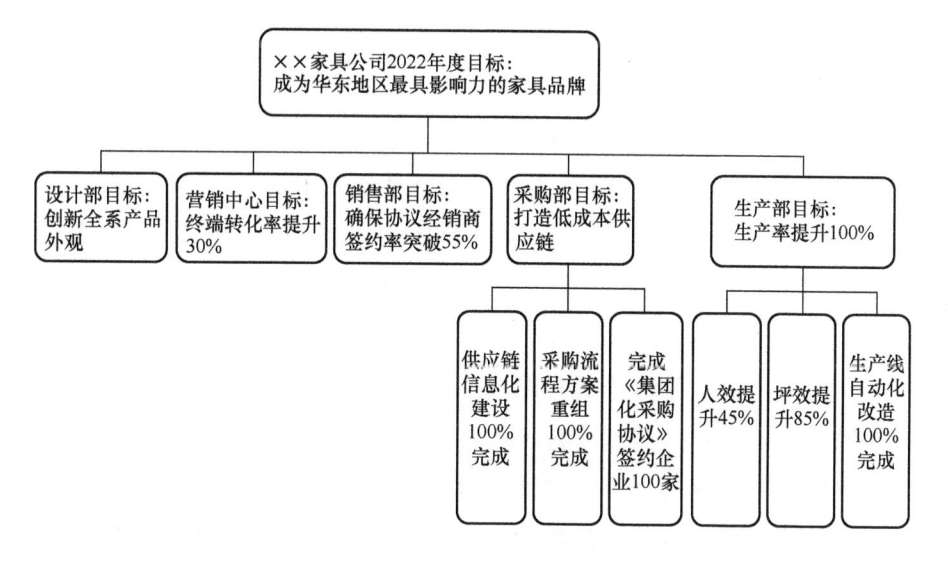

```
                    ××家具公司2022年度目标：
                 成为华东地区最具影响力的家具品牌
    ┌───────┬──────────┬──────────┬─────────┬──────────┐
  设计部目标： 营销中心目标： 销售部目标： 采购部目标： 生产部目标：
  创新全系产品 终端转化率提升 确保协议经销商 打造低成本供 生产率提升100%
  外观         30%          签约率突破55%  应链
                                           │
                              ┌────────┬───┴────┐    ┌──────┬──────┐
                           供应链    采购流   完成    人效提 坪效提 生产线
                           信息化   程方案   《集团   升45%  升85%  自动化
                           建设     重组     化采购                 改造
                           100%    100%     协议》                 100%
                           完成     完成     签约企                 完成
                                            业100家
```

图 3-15 企业目标的拆解示例

这个例子采用的是按照组织架构的目标拆解方式，将企业目标拆解成了部门目标。这种拆解方式是可以的，但需要大家注意几点：一是，这个目标拆解体系中的总目标和分目标是否都描述清晰了？二是，五个部门的目标如果都完成了，企业目标是否可以完成？三是，各部门之间的目标是否有重叠的部分？这三个问题是对目标描述是否清晰、分类是否符合 MECE 原则做的一个小小的复查。如果发现拆解过程中存在问题，就要及时做出修改和调整。

综上所述，在目标拆解结构图上有一些小瑕疵，不符合我们前面已经讲过的目标描述原则，你发现了吗？你或许没有发现，"成为华东地区最具影响力的家具品牌"和"打造低成本供应链"这样的描述，不完全符合描述目标的 SMART 原则，因为这两个目标没有衡量标准。但是，例如，"在一年内，全系列产品在华东地区的总占有率达到 45%以上"，就是非常明确的标准。

⏮ 二、拆解部门目标

拆解部门目标首先需要确定各部门的总目标，这个目标来自企业目标的拆解结果，既可以是企业目标按照部门拆解的结果，也可以是企业目标按照时间、项目、产品拆解后，各个部门根据本部门的情况总结的工作结果。在各部门总目标确定之后，就可以进行部门目标拆解了。

原则上，部门目标的拆解顺序只有三种：时间顺序、结构顺序和重要性顺序。其中，时间顺序和重要性顺序可以参照企业目标拆解的逻辑进行，下面重点介绍如何按照结构顺序拆解部门目标。

部门目标可按照部门的管理事项和主要业务流程，或者平衡计分卡的维度进行拆解。无论采用哪种拆解方式，最终都需要将目标拆解到具体岗位上。

1. 直接将部门目标拆解到具体岗位上（见图 3-16）

在这个过程中需要注意的是，有些部门还会出现小的产品组、项目组和独立岗位目标并存的情况，这时可以对独立岗位目标进行标注，并对大小组别的整体目标进行总结。

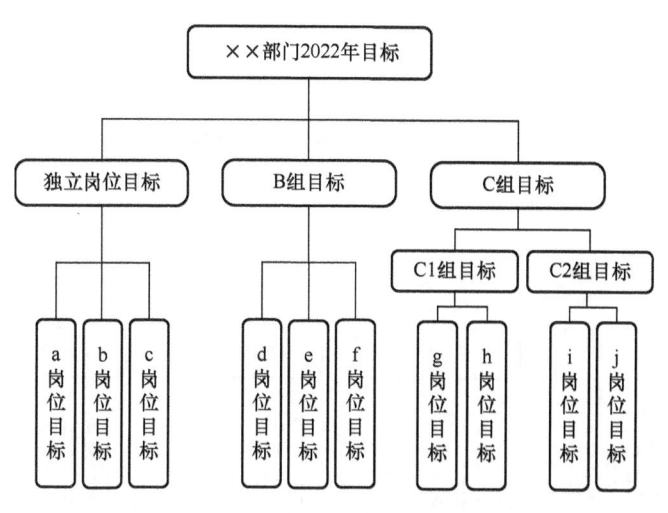

图 3-16　将部门目标拆解到具体岗位的示例

2. 先将部门目标拆解到管理维度上，再拆解到具体岗位上（见图 3-17）

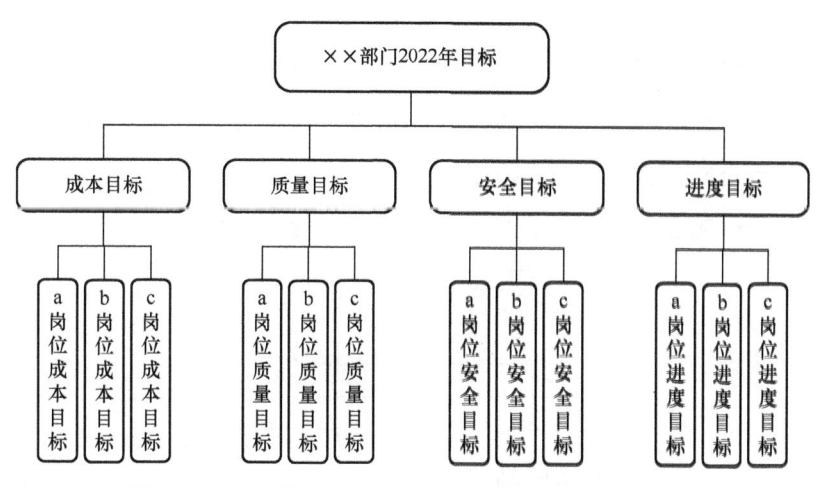

图 3-17　将部门目标拆解到管理维度和具体岗位的示例

你会发现，当这样拆解的时候，虽然部门的不同管理维度的总目标非常清晰，但岗位层面的总目标就需要将成本、质量、安全和进度四类目标进行合并，从而得到岗位的总目标。还有一种方法就是，先按照上一种拆解方式，把部门目标拆解成岗位目标，然后将每个岗位目标拆解为四类目标。

3. 按照平衡计分卡的维度拆解部门目标后，再拆解到具体岗位上（见图3-18）

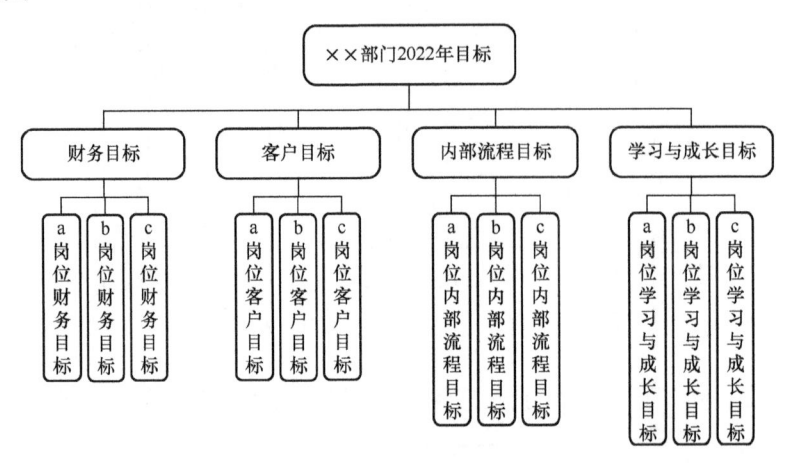

图3-18 按照平衡计分卡的维度拆解部门目标后再拆解到具体岗位的示例

与按照管理维度拆解类似，这样拆解后的岗位总目标也需要对各分项目标进行汇总，然后得到岗位总目标。

我们一起看一个部门目标的拆解示例（见图3-19）。

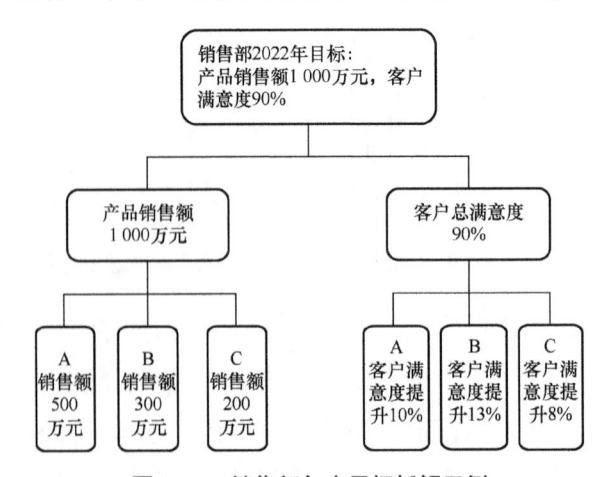

图3-19 销售部年度目标拆解示例

在这个示例中，部门目标只选取了两个维度：销售额和客户满意度。对这两个维度进行拆解，就得到了各个岗位在这两个维度需要达成的结果，而这些结果之和就等同于总目标。

三、拆解个人目标

组织目标会提供一个大方向，引导大家前进，但具体怎么前进，还要落实到每个人的具体目标上。在拆解部门目标时，无论是直接拆解成岗位目标，还是先拆解成管理维度或借鉴平衡计分卡的维度，抑或是使用其他任何拆解方法，把部门目标拆解成具体的小目标后，再将这些小目标逐一落实到具体岗位上，都能得到岗位目标。但是，岗位目标不等于个人目标，它只是个人目标的组成部分。我们所指的个人目标是更加广义的目标，包括个人岗位目标（工作目标）、学习目标和生活目标（见图3-20）。

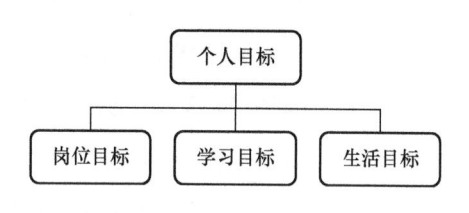

图3-20　个人目标拆解示例

1. 拆解个人岗位目标

通常情况下，一个人从属于一个岗位，偶尔也会出现一人多岗、一岗多人的情况，这种情况可以简单理解为几个岗位目标的叠加，或某一岗位目标的拆解。

与企业目标、部门目标类似，按照时间顺序拆解岗位目标的方法比较简单也容易理解，这里不做展开。下面重点介绍按照结构顺序拆解岗位目标的方法。

我们直接用示例进行分析（见图3-21）。

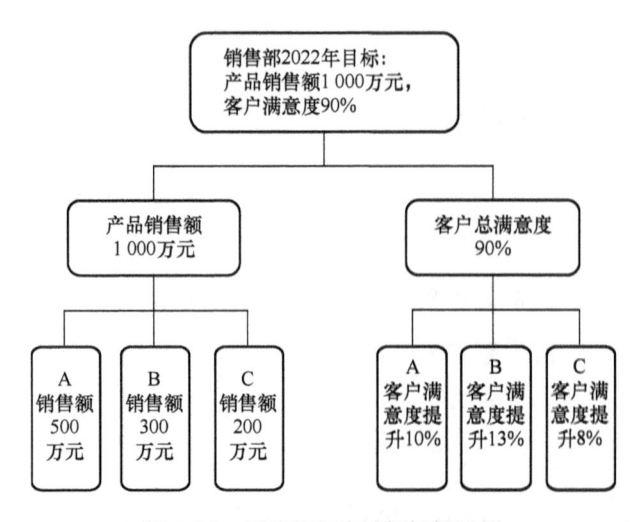

```
                销售部2022年目标：
                产品销售额1 000万元，
                  客户满意度90%
                ┌──────────┴──────────┐
          产品销售额              客户总满意度
          1 000万元                  90%
        ┌─────┼─────┐          ┌─────┼─────┐
        A     B     C          A     B     C
      销售额 销售额 销售额      客户满 客户满 客户满
       500   300   200         意度提 意度提 意度提
       万元  万元  万元         升10%  升13%  升8%
```

图3-21　销售部年度目标拆解示例

在这个目标拆解金字塔结构图中，A岗位有两个自上而下拆解下来的目标：500万元销售额和客户满意度提升10%。其中，销售额是一个特别容易拆解的目标，我们按照时间顺序可以将其拆解到每季度、每月甚至每天；客户满意度提升10%就不太好拆解了，它的拆解逻辑和销售额的似乎有些不同。实际上，如果它只使用时间顺序是不太容易拆解的，而使用结构顺序和销售额一样，都要找到一些关键子目标。

关键子目标，在绩效考核系统（如KPI或OKR）中，也称关键结果。

它不是销售额或客户满意度目标的**直接拆解**，因为岗位已经处于企业架构的底层，用直接拆解的方式已经没有意义了，所以需要找到达成这个目标的关键结果。A岗位的销售额为500万元，可以按照时间顺序给每个季度各拆解125万元，但这样对达成目标没有任何指导意义。事实上，如何实现目标才有意义。我们是要拆解目标，而不是拆解指标。

所以，要想实现销售额，我们需要关注哪些关键子目标呢？我们先试着找出销售额的业务公式：销售额=客户数×客单价。所以理论上我们有多种方式完成销售额：按照现有客户数提高客单价，保持客单价不变增加客户数，或者同时调整客户数与客单价，最终都有可能实现 500 万元的销售额。

在前面拆解企业目标的示例中，采购部目标是打造低成本供应链，这个目标也可以理解为采购部经理的岗位目标（见图 3-22）。

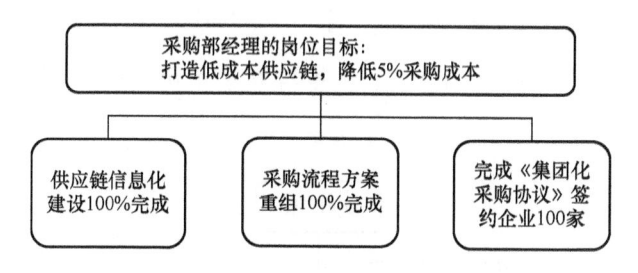

图 3-22　采购部经理岗位目标拆解示例

对这个岗位目标的拆解，我们就采用了寻找关键子目标的方法，将其拆解为"供应链信息化建设 100%完成、采购流程方案重组 100%完成和完成《集团化采购协议》签约企业 100 家"这"三个 100"的子目标。如果这三个子目标能够完成，"打造低成本供应链"这个目标就完成了，那么这次目标的拆解就是合格的。

最后，我们看一下 A 岗位目标的拆解示例（见图 3-23）。

根据需要，我们还可以对子目标进行二次拆解，例如，如何增加客户数，如何增加客单价，如何缩短问题处理时间等，既可以在这个环节继续拆解，也可以在制订行动计划的环节进一步细化。

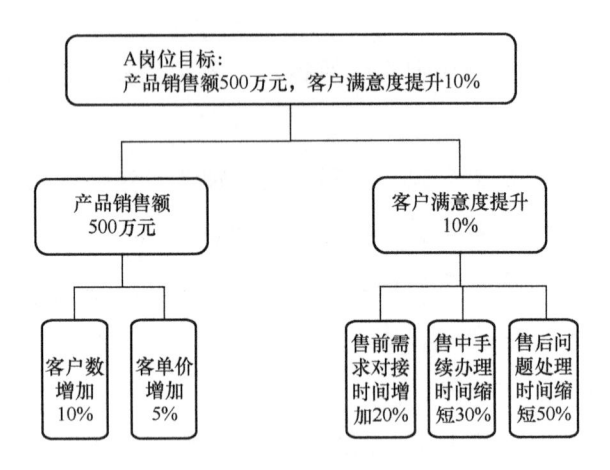

图 3-23　A 岗位目标的拆解示例

2. 拆解个人学习目标

对于个人学习目标的拆解，我推荐大家使用"KSA 能力模型"（见图 3-24）。

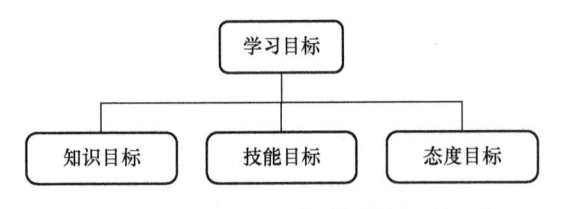

图 3-24　按 KSA 能力模型拆解的目标示例

KSA 分别代表知识（Knowledge）、技能（Skill）和态度（Attitude）。该模型基本涵盖了一个人可以做好一件事情的三方面素养，所以又称"个人能力模型"或"个人能力三要素"。其中：

知识侧重于对概念的理解，是完成任务必须掌握的理论知识。

技能则强调，知识本身不是力量，需要转化为技能，能够用于实践。

态度则是实践的意愿，如果态度不好，不愿实践，即便知识量巨大、技能精湛，也很难产生价值。

所以，KSA 能力模型提醒我们，想要提升任何方面的能力，都要同时对这三个方面进行提升，三者缺一不可。也就是说，无论学习需求来自哪里，学习目标是什么，都需要将其所需的个人能力提升，解构成知识、技能和态度三个方面，并尽量细化。

具体拆解过程如下：

第一步：判断我们的目标是否清晰，描述形式是否符合 SMART 原则。

第二步：对分项能力的简要描述，要更加准确地把握住各项能力的核心要素。

第三步：思考提高这些能力需要掌握哪些知识、锻炼什么技能、端正什么态度。

我们一起来看个人学习目标拆解的示例（见图 3-25）。

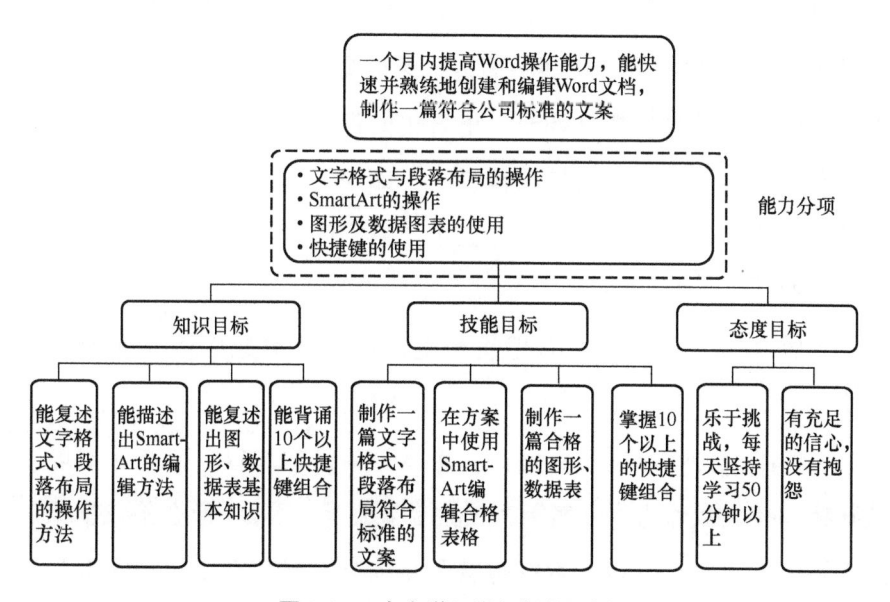

图 3-25　个人学习目标拆解示例

在这个示例中，总的 Word 操作能力目标描述得比较清晰，符合 SMART 各原则。总能力目标被拆解成了四个分项能力，分别是：文字格式与段落布局的操作、SmartArt 的操作、图形及数据图表的使用、快捷键的使用。我们可以认为，只要掌握了这四项能力，就掌握了总的能力。在有了清晰的分项能力后，确定掌握哪些知识、锻炼哪些技能、端正哪些态度就比较容易列举了，如快捷键知识、排版技能和乐于挑战等。

3. 拆解个人生活目标

个人生活目标是指除工作目标和学习目标以外的其他目标，如与个体健康、情绪相关的目标，与亲情、爱情、友情相关的目标，与社会活动相关的目标等。我们前面一直列举的减肥的例子，就是一个典型的生活目标。

和工作目标与学习目标不同的是，生活目标对于大多数人来讲比较"隐性化"，它不像岗位目标有人天天盯着、催着、考核着，也不像学习目标从小就有学校这样一个系统化的训练体系。生活目标往往不被人提起，即便提起，也总是模糊的。如果不相信，你现在就可以放下书，回想一下现在的自己有什么生活目标吗？我相信，很多人是没有答案的。

下面介绍一种每个人都可能制定、执行并达成生活目标的拆解方法。

我们以保持健康的目标为例。身体是革命的本钱，所有人都可以试着将保持健康作为生活甚至人生的首要目标。那么，什么是健康呢？如果不先解决这个问题，目标也就无从谈起。我们可以找到很多关于健康的定义，甚至每个人都有对健康的理解。根据世界卫生组织给健康所下的定义，有 10 项标准来衡量一个人是否健康：

（1）精力充沛，能从容不迫地应付日常生活和工作；

（2）处事乐观，态度积极，乐于承担任务，不挑剔；

（3）善于休息，睡眠良好；

（4）应变能力强，能适应各种环境变化；

（5）对一般感冒和传染病有一定的抵抗力；

（6）体重适当，体态均匀，身体各部位比例协调；

（7）眼睛明亮，反应敏锐，眼睑不发炎；

（8）牙齿洁白，无缺损，无疼痛感，牙龈正常，无蛀牙；

（9）头发光洁，无头屑；

（10）肌肤有光泽、有弹性，走路轻松，有活力。

你也许已经发现，我们在找健康的定义的时候，就已经在拆解这个目标了。不过，我不建议将世界卫生组织的定义拿来做目标，因为它的描述不符合明确性、可衡量性、可达成性、现实性和时限性的 SMART 原则。这个定义给拆解"保持健康"的目标提供了依据，我们可以在此基础上对这 10 项标准进行分类和加工。

首先，我们可以从心理和生理两个方面对这 10 项标准做一个分类，其中，第 1、2 项可以归类为"心理健康"，其余的归类为生理健康。

其次，给每个标准找到衡量指标。例如，"善于休息，睡眠良好"的衡量标准是平均每天睡眠时长不低于 7.5 小时，深度睡眠时长超过 4 小时；"眼睛明亮，反应敏锐，眼睑不发炎"的标准是视力（含矫正后视力）不低于 0.8，无眼疾等。第 8、9 项标准很明确，我们可以直接拿来就用。

最后，画出结构图（见图 3-26）。

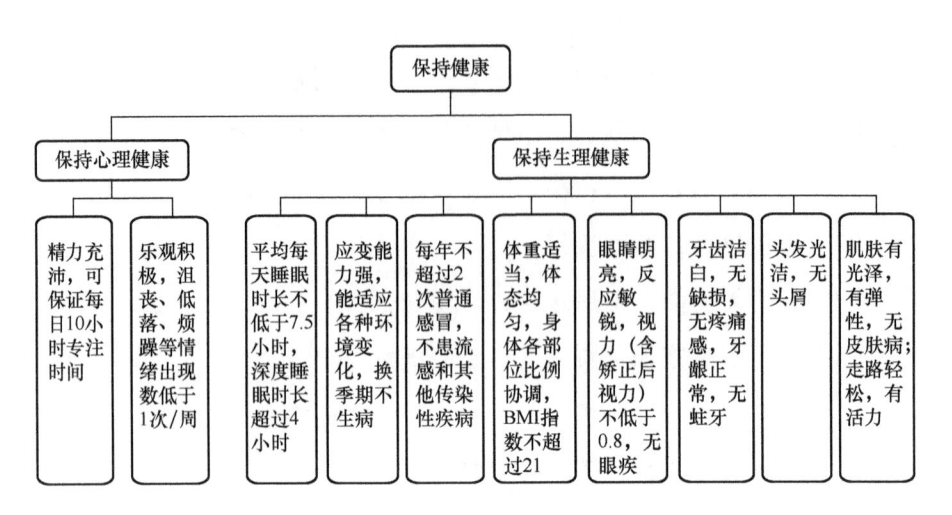

结构化工作法 | STRUCTURED WORKING METHOD

```
                              保持健康
                                 │
           ┌─────────────────────┴─────────────────────┐
        保持心理健康                              保持生理健康
           │                                          │
    ┌──────┴──────┐      ┌─────┬─────┬─────┬─────┬─────┬─────┬─────┬─────┐
  精力充沛，    乐观积    平均每   应变能  每年不   体重适   眼睛明   牙齿洁   头发光   肌肤有
  可保证每     极，沮    天睡眠   力强，  超过2    当，体   亮，反   白，无   洁，无   光泽，
  日10小      丧、低    时长不   能适应  次普通   态均     应敏     缺损，   头屑     有弹
  时专注      落、烦    低于7.5  各种环  感冒，   匀，身   锐，视   无疼痛            性，无
  时间        躁等情    小时，   境变    不患流   体各部   力（含   感，牙            皮肤病；
              绪出现    深度睡   化，换  感和其   位比例   矫正后   龈正             走路轻
              数低于    眠时长   季期不  他传染   协调，   视力）   常，无            松，有
              1次/周   超过4    生病    性疾病   BMI指    不低于   蛀牙             活力
                        小时              数不超   0.8，无
                                          过21     眼疾
```

图 3-26 保持健康目标的拆解示例

如果再往下拆解，还可以将每个子目标拆解成不同的小目标。例如：

达到并保持理想体重；

积极运动；

做力量训练；

学会放松；

获得充足的睡眠；

让身体保持足够的水分；

避免久坐不动的生活方式；

定期体检；

……

在感叹这样的健康目标太高，究竟有谁能达成时，我想提醒大家两件事：

（1）请谨记 SMART 原则，对于不符合这个原则的目标描述要敏感，

第三章 拆解目标有工具

要追问。"积极运动"有什么标准、有什么限制条件？让身体保持足够的水分该怎么衡量？

（2）无论是企业目标、部门目标还是个人目标，所有目标拆解的产物都是"关键子目标"，或者叫"关键结果"。在理想情况下，如果我们能够将这些目标或结果细化到最小颗粒度，如一小时内可以完成的事情，并且将这些子目标按照顺序完成，那么整个目标体系也会被逐层完成。这个再次细化的过程，就已经到达制订计划的层面了，这一部分我们在下一章展开。

最后，我们以生活中的减肥目标为例拆解个人目标（见图3-27）。

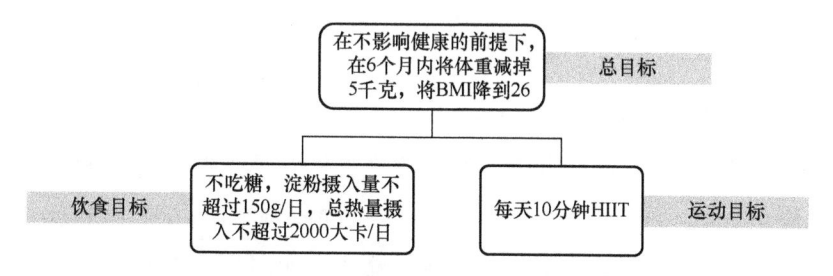

```
                ┌─────────────────────┐
                │ 在不影响健康的前提下， │
                │ 在6个月内将体重减掉  │   ← 总目标
                │ 5千克，将BMI降到26   │
                └──────────┬──────────┘
                     ┌─────┴─────┐
     ┌───────────────┴──┐    ┌───┴──────────┐
     │ 不吃糖，淀粉摄入量不│   │ 每天10分钟HIIT │  ← 运动目标
饮食目标│ 超过150g/日，总热量摄│   │              │
     │ 入不超过2000大卡/日 │   └──────────────┘
     └──────────────────┘
```

图3-27 个人减肥目标的拆解示例

（注：各目标中的数字并不精确，无参考意义，仅作为案例使用。）

本节精要

本节依据上节的目标拆解原则，对将大目标拆解成小目标的过程做了梳理。其中，无论是企业目标拆解成部门目标，还是部门目标拆解成岗位目标，抑或是个人目标拆解成工作、学习和生活目标，都有多种方式，但这些方式都必须遵循MECE原则和逻辑原则。

第四章

制订计划有路径

  一位著名的德国将领坦率地说,战前必须制订作战计划,但一旦开战,所有的计划也就作废了。为什么?因为计划的目的,是为了统筹那些复杂的社会事务。可只要是复杂的社会事务,一定会面临一个问题,就是要面对有主动性、会根据情况调整自己行动的人。你可以计划自己怎么办,但是没有办法预测对方会怎么应对。一旦他的应对超出你的预测,或者有其他的意外因素加入,整个计划也就乱套了。既然如此,又有什么必要事先制订作战计划呢?有必要。计划不是用来不折不扣地实现的,计划实际上另有妙用,主要是以下三个方面:

  第一,计划制订的过程,本质上是一个统一上上下下的意志和决心、明确战略方向、盘清资源家底的过程。

  第二,计划让临时应变者有一个资源框架可以利用。

  第三,计划可以形成一个个小型的执行模块。

——罗振宇《逻辑思维·启发俱乐部》第 236 期:计划的用处

第一节　三种方法分解任务

我们先来看一下计划的定义：

> 计划是组织内部不同成员在一定时期内行动任务的具体安排，详细规定不同部门和成员在该时期内从事活动的具体内容和要求，不仅为这些部门、环节和个人在该时期的工作提供具体的依据，而且为决策目标的实现提供组织保证。从时间上，可以将计划分为长期计划和短期计划；从空间上，即根据职能标准分类，可以将计划分成业务计划、财务计划和人事计划。[引自《大辞海·管理学卷》(修订版)]

从计划的定义，尤其是最后两句中，我们已经发现做计划和做目标拆解的共性：计划是对目标拆解的进一步延伸和细化。就如同第三章章末讲到的一样，目标拆解的产物是各项子目标，这些子目标是结果导向的：取得这些小结果，也标志着总目标的达成，这是制订计划的一种方式。如果有人追问"如何才能取得这些小结果"，更偏重于过程导向，那么他就发现了制订计划的另一种方式；而企业目标或组织目标往往是由很多人配合实现的，所以企业或组织不可避免地要进行任务分工，规定小团体或个人在某段时间内的职能。如果这些职能都被履行了，目标也就转化为最终结果，即实现了目标，这就是制订计划的第三种方式。

如何制订计划？我们按照细化的方向，得到了三种方法：

第一种方法，称为PBS（Project Breakdown Structure，项目分解结构），它与目标拆解一脉相承，是以项目交付结果为对象进行的结构分解。

第二种方法，称为 WBS（Work Breakdown Structure，工作分解结构），是以项目结果为导向的工作过程的结构分解。

第三种方法，以人或人的职能为主体的分解方法，称为 OBS（Organization Breakdown Structure，组织分解结构），它与目标拆解过程中按部门职能拆解类似，是基于项目需求的人力资源，按照工作分工（管理和实施）与类别（设计、开发、试制和验证等）进行层级的分解。

一、PBS 关注"结果"

PBS 不关注细节和具体动作，只关注在某个时间点上应该产生什么样的结果，或者达成某种效果，或者生产出某种中间产物。例如，最直观的就是 A 零件、B 机器等都是实体交付物。那么，这个分解过程是什么样的呢？

我们通过目标拆解，已经确定了具体的子目标，明确了对应的交付物。为了完成这个交付物，相应地，就会产生很多子交付物。只有这些子交付物都完成了，总的交付物才能完成。在每个子交付物的完成过程中又会产生更小的交付物……于是任务就被一层层地拆解下去。

例如，最终交付物是一瓶矿泉水，那么子交付物是什么呢？一瓶矿泉水可以拆解成哪些组件？最起码要有水和水瓶。水和水瓶都可以单独作为一个子交付物。其中，水瓶又由瓶盖、瓶身和标签组成，所以它们又称为子交付物的下一级交付物。如果它们已经是现成的，就直接使用；如果需要现加工，那么还得往下继续拆解，找到它们的子交付物，如原材料、设计方案和加工方案等。在这些交付物全都确定后，PBS 结构图就可以画出来了（见图 4-1）。

实际上，谁也不可能单独生产一瓶水，但这个分解过程就是 PBS 的分解过程。在结构图画出来后，我们就可以清晰地看到总的任务由哪些小的结果构成了。

第四章 制订计划有路径

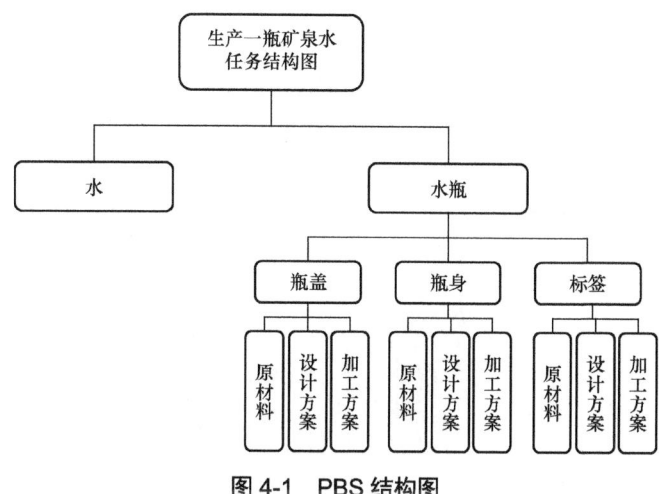

图 4-1 PBS 结构图

二、WBS 关注"动作"

WBS 关注达成各结果的过程，或者达成的细节，所以使用 WBS 将项目分解后，我们得到的是一个个的"工作包"。所谓工作包，类似于一个个具体的动作，如锻造、切割、组装，甚至设计、生产等。

在管理学图书中，WBS 的含义更加广泛，甚至包含了 PBS 和 OBS。本书对 WBS 的定义没有那么宽泛，它区别于 PBS 和 OBS。或许你已经发现，WBS 和 PBS 虽然具有差异性，前者是过程导向，后者是结果导向，但它们是可以相互转化的。在上面的例子中，水是子交付物，那么"取水"是不是就是完成子交付物的动作，就是我们所说的"工作包"呢？瓶盖是子交付物，制造瓶盖就可以看作一个工作包；瓶盖的原材料是子交付物，采购就是"工作包"。换句话说，WBS 结构图和 PBS 结构图非常类似，只是每个节点都是获得子交付物所需采取的动作。

按照这种分解思路，我们画出 WBS 结构图（见图 4-2）。

在实际操作中，如果我们没有率先进行 PBS 的分解，而是直接进行 WBS，整个分解顺序可能就不是这样了，而可能是：先做外观设计，再进行原材料采购、加工和罐装。结构图如图 4-3 所示。

101

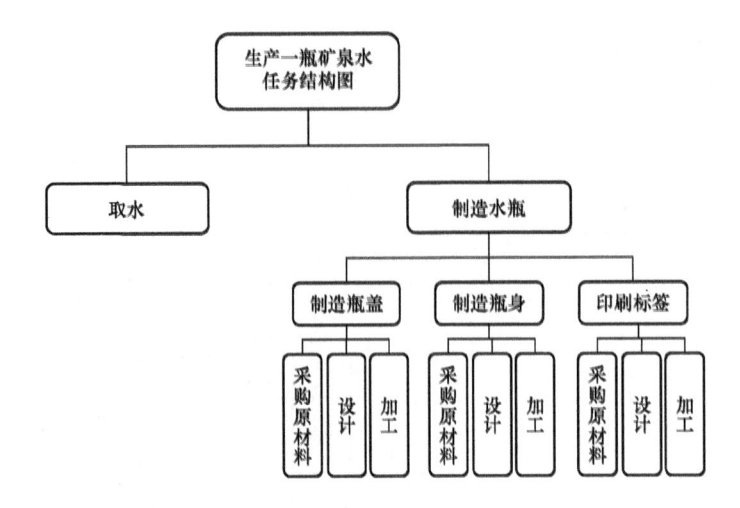

图 4-2　按 WBS 分解思路画出的结构图（一）

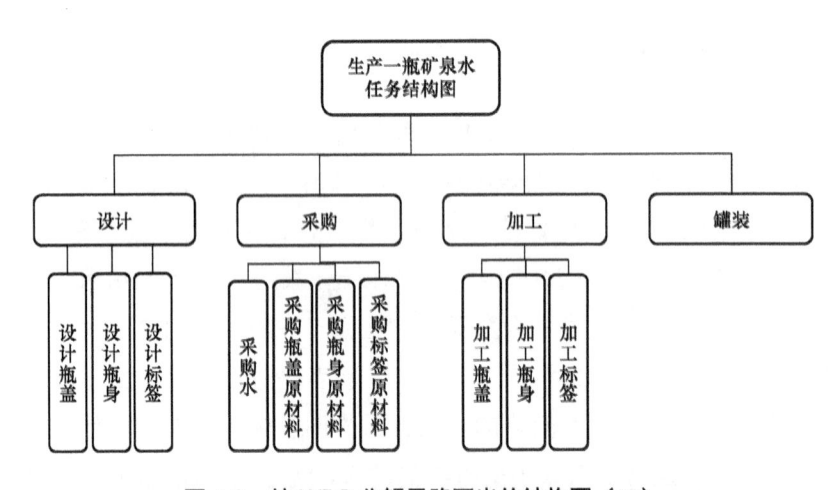

图 4-3　按 WBS 分解思路画出的结构图（二）

经过对比，有两点需要注意：首先，罐装这个动作在 PBS 结构下是没有体现出来的，如果直接转化，就有可能忽略掉；然后，加工瓶盖、加工瓶身这样的工作包，对于更加专业的人来讲，还不是最底层的，还可以继续向下分解。例如，瓶盖根据压塑或注塑工艺的不同，还有特定的工序。如果需要，也可以在任务结构图上进行体现。

下面我们来看一个使用 WBS 的示例（见图 4-4）。

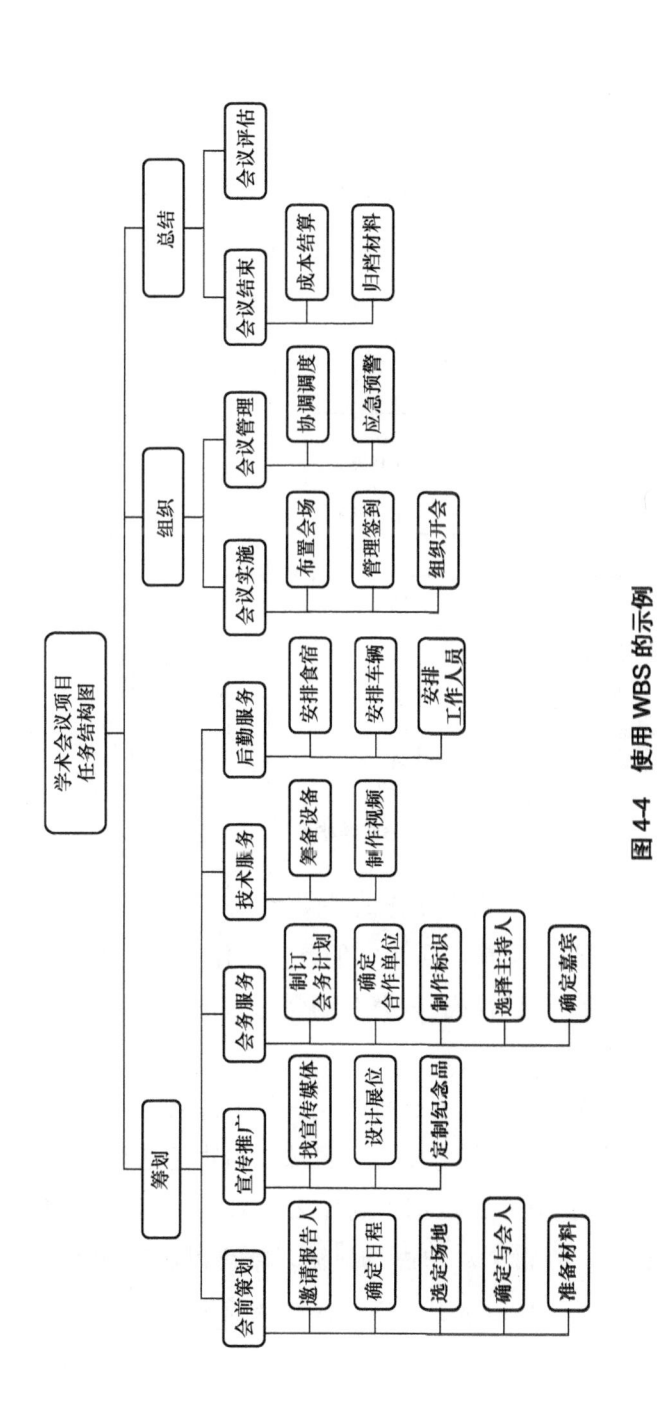

第四章 制订计划有路径

图 4-4 使用 WBS 的示例

103

三、OBS 关注"职能"

OBS 关注的是对完成工作任务的部门或个人有层次的组织安排，如设计师、成本工程师、材料运输小组、设备操作小组、质量监察小组等。OBS 的分解类似于企业目标按组织结构或职能部门的拆解过程。OBS 结构图如图 4-5 所示，这就是生产一瓶水的任务结构图。

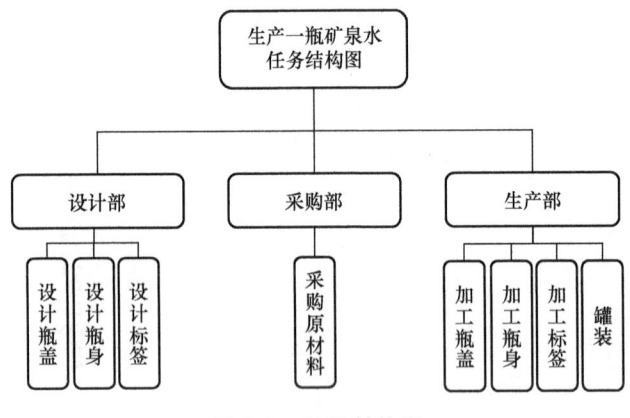

图 4-5　OBS 结构图

在这张结构图中，原本表示动作的"设计瓶盖""采购原材料""罐装"，变成了不同部门的职责。无论它们是"工作包"还是"职责"，最终的产出成果都是子交付物。只有东西做出来了，有结果了，工作包也好，职责也好，才算完成。

这三种任务分解方法整体上是协同统一的，没有好坏之分，只是侧重点和关注点不一样。我们可以基于具体场景进行选择。如果需要关注结果，让对方知道分步结果都达到什么状态了，就可以选用 PBS；如果需要关注过程，对每个动作进行把控，就可以选用 WBS；如果需要关注组织配合度，对一次工作中的人加强监督与管控，就可以选用 OBS。

第四章 制订计划有路径

本节精要

计划是对目标拆解的进一步延伸和细化。按照交付物的不同，分解任务的三种方法分别简称为 PBS、WBS、OBS，这三种方法可以单独使用，也可以依照实际需求结合起来使用，最终将大目标、大任务拆解成细小的"子交付物"。

第二节 串行并行统筹任务

在上一节，我们将目标拆解后的子目标根据 PBS、WBS 和 OBS，或单独，或结合起来使用，把目标和任务细化成非常小的颗粒，接下来就要花时间去完成它们。面对那么多事情，我们应该从哪里开始？是一个个完成，还是同时进行呢？这需要我们有效统筹。

数学家华罗庚曾经写过一篇著名的文章：《统筹方法》。在这篇文章中，华罗庚提到了一个常见的例子：沏茶。这个例子考验的是一个人在面对虽然有茶叶，但没有开水，水壶、茶壶、茶杯都要洗的情况下，怎么做才能最快地让自己或者客人喝到茶。

很多人可能会按照常规的顺序去做：先洗水壶、茶壶、茶杯，然后烧水，等水烧开之后，拿茶叶开始沏茶；还有一些人会选择先洗水壶，然后烧水，等到水烧开之后，再洗茶壶、茶杯，接着取茶、沏茶。这两种顺序中，沏茶的人对烧水的时机选择有所不同，但所使用的方法差不多，时间消耗上也基本一致。这两种方法都是按照做完一个再做另一个的顺序进行的，看起来没什么问题，但我们已经知道答案了，那就是：只要进行适当调整，就可以节省更多时间，更早喝上茶。具体方法是：

105

结构化工作法 | STRUCTURED WORKING METHOD

洗水壶,然后烧水,在等待水烧开的时间内,洗茶壶、茶杯,准备好茶叶,水开后沏茶。这个顺序相比前两种有一点不一样:沏茶的人利用烧水的这段时间洗茶壶、茶杯,**拿茶叶**,而不是等水烧开之后再去做这些。这一点让烧水这件事变得更加高效。背后的原理就是统筹管理:水壶不洗,不能烧水,因而洗水壶是烧水的前提,这两件事一定要分先后;开水、茶叶、茶壶和茶杯,这些又是沏茶的前提,所以也要分先后。洗水壶、烧水,以及洗茶壶、茶杯和准备茶叶则不存在这样的前提关系,是可以先后或同时进行的。

我们来看一个工作中的例子。

在很多公司中,老板的秘书或助理往往非常忙碌。秘书刚一上班,就听见老板说:"你前几天给我整理的 A 项目资料被我落在家了,你那儿还有底稿吗?一会再帮我复印一份。然后尽快帮我预订一张去往上海的机票,最好是明天一早的。还有,你提醒一下小王(老板司机),今天的客人非常重要,要好好接待。"

秘书刚要转身离去,老板又递上来一大堆资料,并补充道:"顺便帮我买一杯咖啡。这几份合同样本和资料也一并给我复印一份。记得找人把我办公室的空调清理一下。"

一个不太会统筹安排的秘书,在接到老板这一系列指令后会依次完成:给老板复印 A 项目资料,然后交给老板;帮其预订机票;打电话通知小王;帮老板买咖啡;给老板复印新资料;寻找修理空调的公司。这个顺序基本上是按照老板交代的事情的先后顺序进行的,但这样的顺序比较费时间。

如果秘书能够按照统筹方法来安排时间,那么她可以试着这样做:将 A 项目资料、合同样本和新资料整理好后一起拿去复印(这个耗时比较长),在等待复印的过程中打电话告知小王老板的安排,在手机上帮助老板预订机票，并且联系安排修空调的公司，在完成这一切工作之后，立即出门帮老板购买咖啡，回到公司后将咖啡和所有资料复印件一起交给老板。

与沏茶的例子类似，会统筹的秘书合理地利用了复印这件既耗时长，又能半自动运行的工作，在此期间并行联系小王、购买机票、安排修理事项，再出门购买咖啡，这样就节省了这些任务原有的执行时间。这样做还符合了时间顺序和重要性顺序，很清楚先做什么、后做什么，有效地避免了重复进出老板办公室的冗余动作。

所以，如果提炼一下就会发现，无论是沏茶还是给老板打杂，统筹管理说起来就两步：计算各流程时间，确定顺行并行关系。

第一步　计算各流程时间

在沏茶的例子中，我们之所以认为，在烧水的过程中如果干等着就会浪费掉这段时间，而此时去做点别的事情就会提高整件事情的效率，这里其实有一个隐含前提。那就是我们知道，在整个沏茶的过程中，烧水的时间是比较长的，而洗茶壶、茶杯的时间要小于这段时间。

你可能觉得，这是一件很简单的事情，大家可以根据常识和经验去做。但是在工作和生活中，我们所面对的事情往往没有那么简单，而且有很多事情是之前从来没有接触过的，此时我们可能很难估算出较为准确的时间。

例如，在一段上司和下属关于工期的对话里，他们是这样说的：

王总："小张，你的报告需要多长时间完成？"

小张："王总，怎么也得一周左右吧。"

王总："别跟我说'左右'！准确一点儿，究竟几天？"

小张："那就7天。"

王总："7天不行，给你4天。"

小张："4天实在太短了，肯定完不成，王总。"

王总："那就5天。就这么定了！"

小张："好吧。"

看起来，王总和小张针对"写报告"这件事情达成了一致，"确定"了一个很"精确"的时间。但是身处职场的你一定发现了其中的"bug"：王总和小张也许只是为了确定时间而确定时间。这份报告的实际写作时间究竟是多少？两个人其实都不太清楚。王总考虑的事情比较少，他只要给出一个最迟时间就行，而小张需要平衡好写报告的时间、日常工作的时间、私人生活的时间等。写报告究竟需要花费多少时间，将会对小张接下来的 5 天产生重大影响。和大多数人一样，小张凭感觉给出了一个大概时间。如果小张最后发现，自己答应王总的 5 天确实有点少，每天花费四五个小时写报告才能完成这个任务，怎么办？压缩其他事情的时间。

结合沏茶的例子和小张的例子，我们就得到了计算任务时间的两种方法：估算时间和限定时间。

1. 估算时间分为个人估算和专家估算

个人任务的时间估算比较简单，每个人根据自己的经验进行估算就可以了。下面我分享一种大型项目、复杂项目任务时间的估算法——专家估算。

这里所说的专家，并不是委托给某些大机构的专家，而是组织内部的相关人员。

首先，弄清楚估算的前提。向所有人讲清楚他们参与的任务，让他们准确地知道自己要估算什么。

然后，在没有任何人干扰的情况下，每个人独立写出估算结果。

开始大家的估算是有差异的,而且差异往往比较大。这时需要每个人讲出各自所估算背后的理由。在这个过程中,无须评价,大家分享完毕后再次进行估算。估算完毕,再次解释,几轮之后,大家的数值往往会趋于一致。

这种方法避免了头脑风暴相互激发的作用,规避了单个人在任务上的个体经验偏差,所估算的任务时间往往更准确。

2. 限定时间法常用于时间倒推

限定时间法是根据项目节点和任务需要进行倒推的方法,可以理解为强制限定某个任务的起始时间。这种计算时间的方法在复杂项目中,尤其在大型项目的中后期是很常见的。这种方法的优点是易操作,缺点是不太准确,容易造成任务分配的不合理。

第二步 确定顺行并行关系

我们在工作中面临的目标和任务大多是复杂的,一个任务的达成往往是由多个流程组合而成的,这些流程之间的关系错综复杂。在计算出各个流程或任务的起止时间后,我们就可以开始设计流程与流程、任务与任务之间的顺行、并行关系了。

这里的设计原则有三个。

1. 有严格逻辑顺序的,只能顺行设计

有些流程之间是严格的因果关系,一个流程的结束是下一个流程开始的必要条件,这样的两个流程属于绝对的先后关系。例如,水壶不洗,不能烧水,洗水壶工作的结束,是开始烧水这个工作的前提;又如,在生产制造环节,原材料采购工作的结束,是加工制造工作开始的前提。这样的流程关系可以在两个流程之间,也可以在一个很长的流程链条内。

2. 必须借助同一事物的，只能顺行设计

有些流程之间没有什么严格的因果关系，但是这两个流程必须借助同一事物才能完成。例如，一个人在洗水壶的时候，不能洗茶壶；一辆车在从北京开往上海的途中，不能同时再从上海开往杭州。

3. 注意任务之间的最短间隔或最长间隔

从水烧开到沏茶不能间隔太久，否则水凉了就得重新烧；有时因为茶叶品种不同，还不能立即沏茶，必须等水温降到某个合适的温度。工作也是如此，在很多流程、工艺和任务中都会有间隔要求，在确定顺行、并行关系时要将其考虑进去。

本节精要

制订计划时，除了延续目标拆解工作继续拆分任务，还需要确定每个任务的持续时间、任务与任务之间的串行、并行关系。这里要尽可能地估算出合理、准确的时间。例如，采用专家估算法，并依据任务流程设计原则：有严格逻辑顺序的，只能顺行设计；必须借助同一事物的，只能顺行设计；注意任务之间的最短间隔或最长间隔。

第三节 绘制甘特图展示任务

甘特图是条状图的一种流行类型,是由亨利·甘特(Henry Laurence Gantt）于 1910 年开发的。每张甘特图上都有至少纵、横两个坐标,其中，纵坐标表示项目的工作环节或工序，横坐标表示时间，由纵、横坐标确定的条状图表示时间长度。这是一种简单、直观、易于编制的

第四章 制订计划有路径

项目进度计划工具。它的主要作用是直观地显示项目计划、项目进度，以及其他与时间相关的系统进展的内在关系随着时间进展的情况（见图 4-6）。

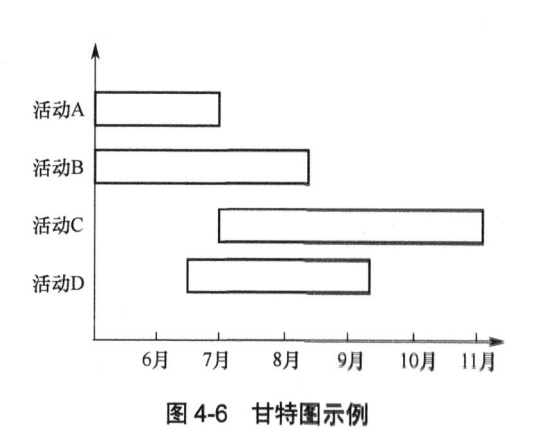

图 4-6 甘特图示例

在项目管理中，甘特图显示分项任务的开始时间、持续时间和结束时间，管理者可使用甘特图对项目计划进行展示，也可以在项目进行中通过甘特图监控项目当前各任务的进度。通过专家估算法以及设计好顺行、并行关系的工作计划在甘特图中体现出来，生动形象，有助于管理者管理项目的进展。

在个人管理中，甘特图可以帮助个人进行直观化的任务展示，搭配本书后续的有关时间管理的内容，将大幅度提高个人日程管理的效率。

原则上，甘特图的绘制有两种方法：一种是手工绘制，另一种是软件自动生成。

手工绘制是指甘特图的大部分图形都是人工完成的。起止时间、持续时间所对应的位置和条形线段的长度都需要手工确认，适用于任务流程少、顺并行关系较为简单的工作。例如，在沏茶的例子中，因为涉及的工作任务少，持续时间短，所以可以通过一个带有绘图功能的软件来完成，如 Word、Excel、PowerPoint 等。下面我们以 PowerPoint 为例。

第一步：画出坐标轴。横坐标对应时间，纵坐标对应分项任务（见图 4-7）。

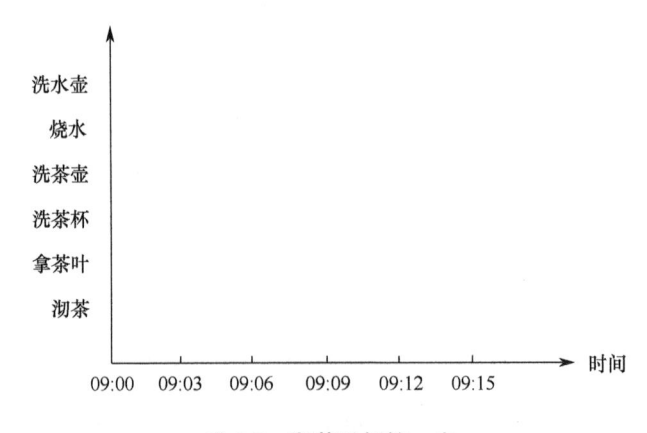

图 4-7　沏茶示例第一步

第二步：按照估算时间，为每项任务画出线段（见图 4-8）。

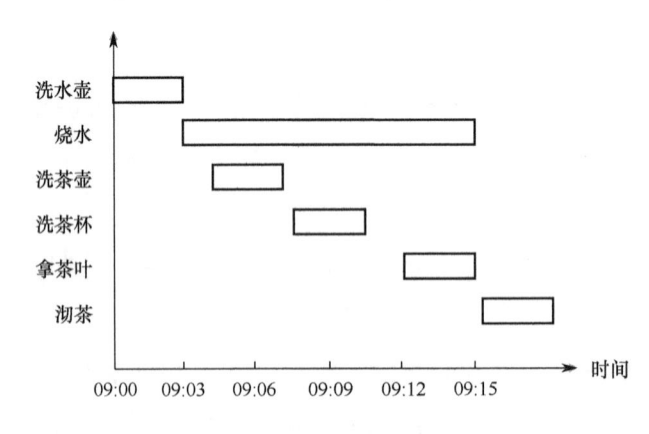

图 4-8　沏茶示例第二步

注意，在绘制甘特图的过程中，条状图的起止点所对应的是每项任务的开始时间和结束时间，不要和前面、后面的任务产生冲突。沏茶示例比较简单，所以这份甘特图看起来特别清晰。

软件自动生成适用于流程多、任务繁杂的复杂项目。目前，专业的甘特图绘制软件品种繁多，如 Microsoft Project、Visio、亿图等，使用起来也很简便，大家可以自行下载来使用。下面我将以传统的 Excel 为例。

第一步：建立任务表。表中必须体现任务项、起止时间项和持续时间项（见图 4-9）。

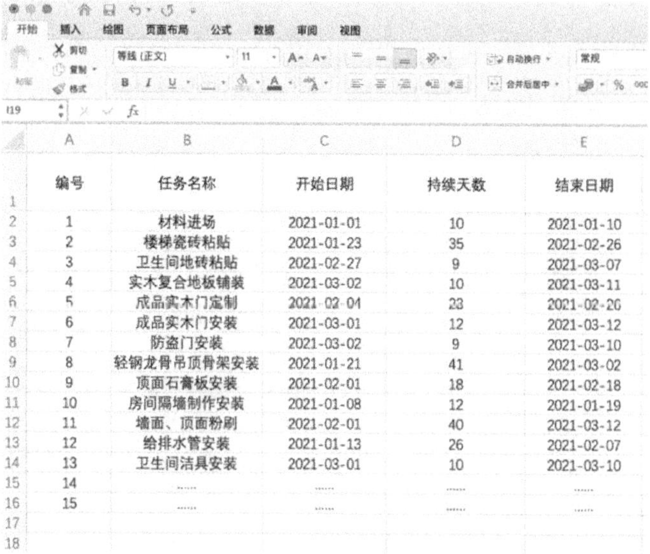

编号	任务名称	开始日期	持续天数	结束日期
1	材料进场	2021-01-01	10	2021-01-10
2	楼梯瓷砖粘贴	2021-01-23	35	2021-02-26
3	卫生间地砖粘贴	2021-02-27	9	2021-03-07
4	实木复合地板铺装	2021-03-02	10	2021-03-11
5	成品实木门定制	2021-02-04	23	2021-02-26
6	成品实木门安装	2021-03-01	12	2021-03-12
7	防盗门安装	2021-03-02	9	2021-03-10
8	轻钢龙骨吊顶骨架安装	2021-01-21	41	2021-03-02
9	顶面石膏板安装	2021-02-01	18	2021-02-18
10	房间隔墙制作安装	2021-01-08	12	2021-01-19
11	墙面、顶面粉刷	2021-02-01	40	2021-03-12
12	给排水管安装	2021-01-13	26	2021-02-07
13	卫生间洁具安装	2021-03-01	10	2021-03-10
14	……	……	……	……
15	……	……	……	……

图 4-9　用 Excel 创建甘特图第一步

第二步：选中表单，使用快捷键 Ctrl+T 将表单转换为“动态表单”（见图 4-10）。

第三步：在任意空白处，插入“堆积条形图”（见图 4-11）。

第四步：在图表设计中，选择“选择数据”（见图 4-12）。

图 4-10　用 Excel 创建甘特图第二步

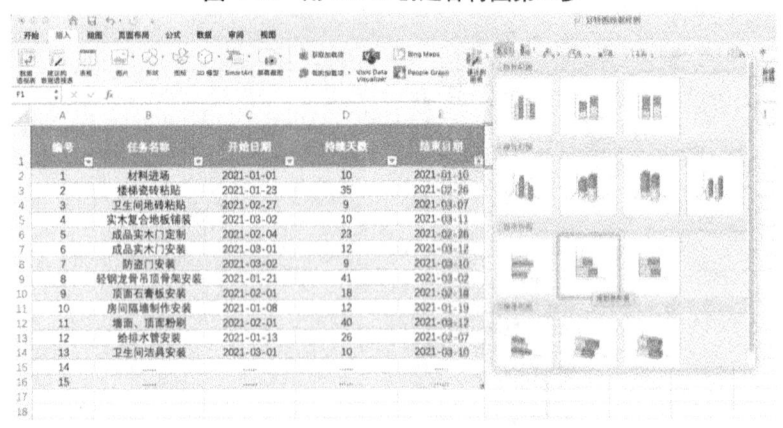

图 4-11　用 Excel 创建甘特图第三步

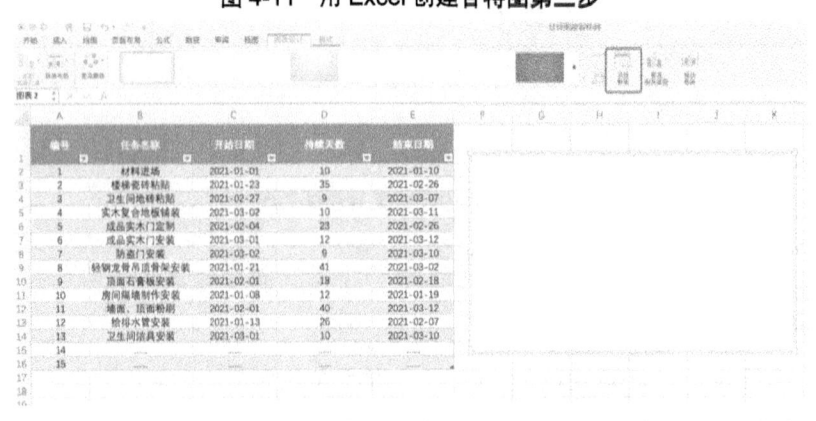

图 4-12　用 Excel 创建甘特图第四步

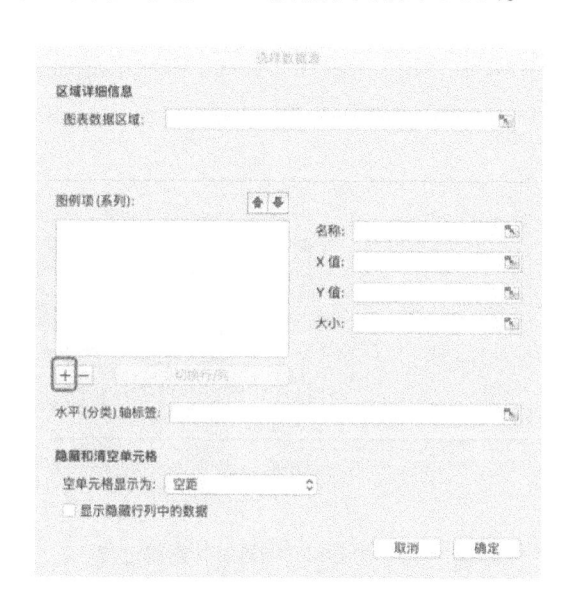

第五步：点击添加（或"+"按钮）（见图 4-13）。

图 4-13　用 Excel 创建甘特图第五步

第六步：点击"名称"选项后的数据选择按钮，选中"开始日期"项（见图 4-14）。

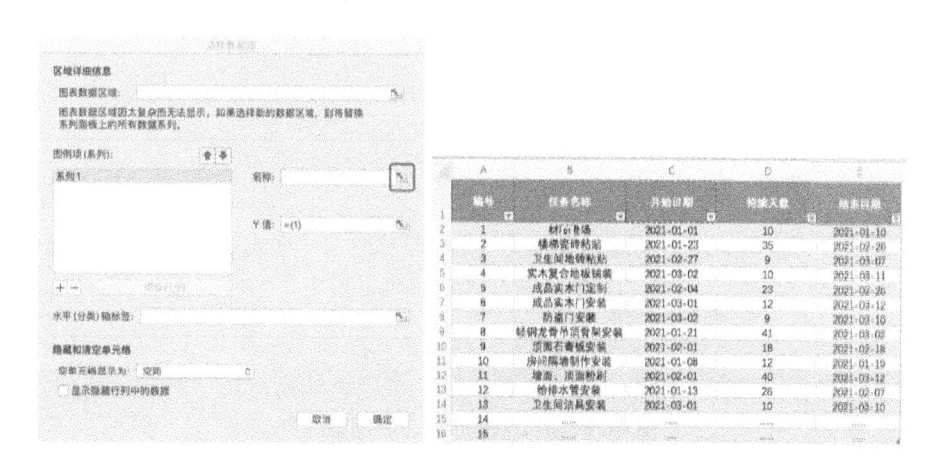

图 4-14　用 Excel 创建甘特图第六步

第七步：点击"Y值"选项后的数据选择按钮，选中所有的开始日期数值（见图4-15）。

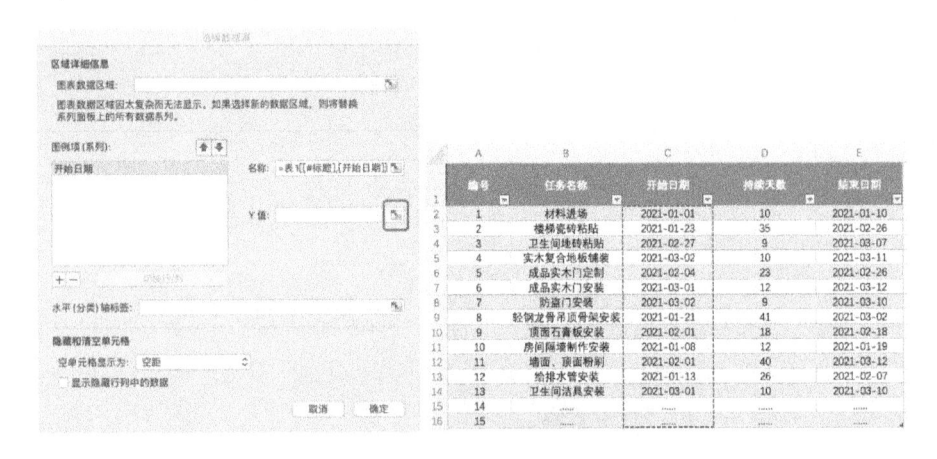

图4-15 用Excel创建甘特图第七步

第八步：继续点击添加（或"+"按钮）（见图4-16）。

图4-16 用Excel创建甘特图第八步

第九步：点击"名称"选项后的数据选择按钮，选中"持续天数"

第四章 制订计划有路径

项（见图 4-17）。

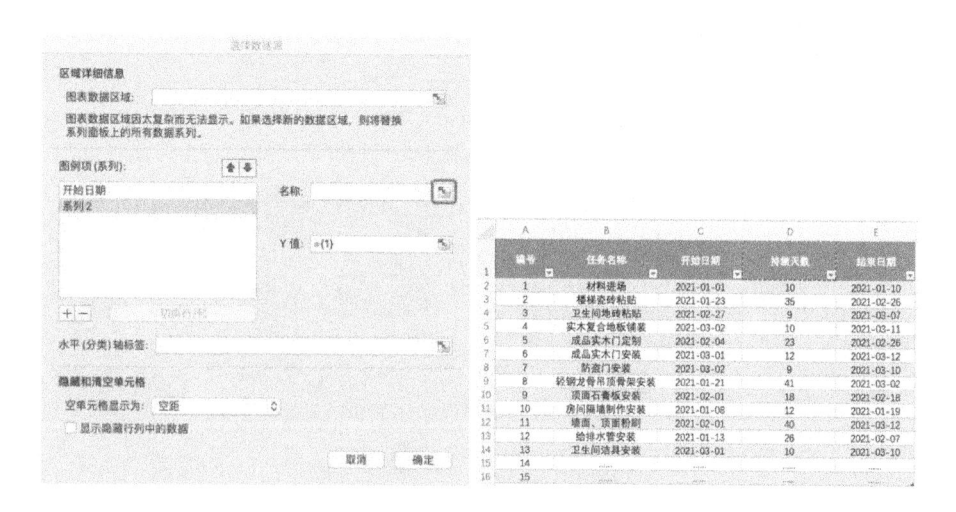

图 4-17 用 Excel 创建甘特图第九步

第十步：点击"Y 值"选项后的数据选择按钮，选中所有的持续天数数值（见图 4-18）。

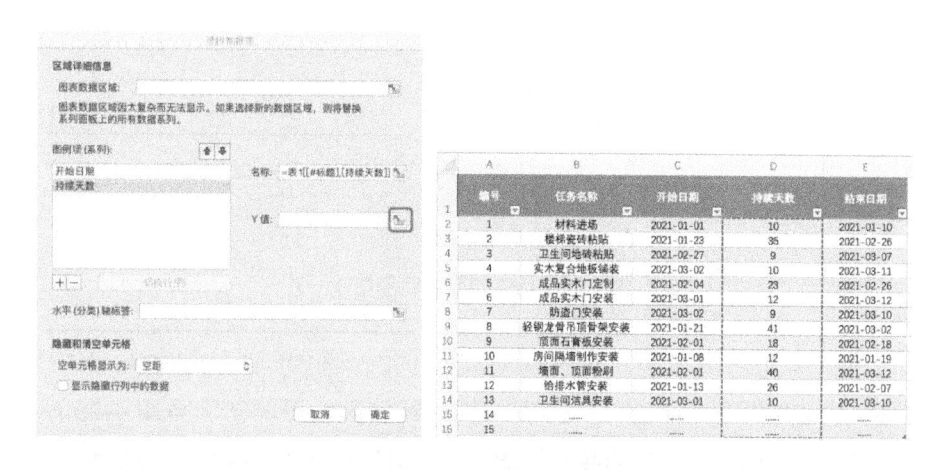

图 4-18 用 Excel 创建甘特图第十步

第十一步：选择"水平（分类）轴标签"选项后的数据选择按钮，

117

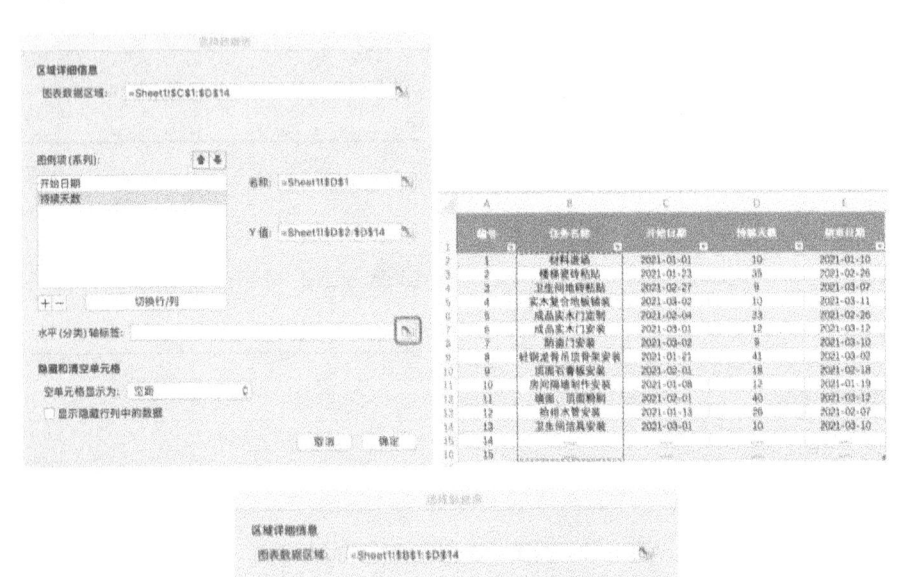

选择所有任务名称，最后确认（见图 4-19）。

图 4-19　用 Excel 创建甘特图第十一步

第十二步：选择部分条形图（无效部分，圆点之间的部分），右键选择"设置数据系列格式"，在菜单栏选择"填充—无填充"（见图 4-20）。

最后，调整条状图的长宽比和坐标轴的时间间隔数据，我们就得到了一个完整的甘特图（见图 4-21）。多次重复以上步骤后，就会很熟练地使用该方法。无论任务数量是否繁多，都可以通过绘制甘特图来展示任务。而且越是任务数量多的任务表,越应该使用这种绘图方式。

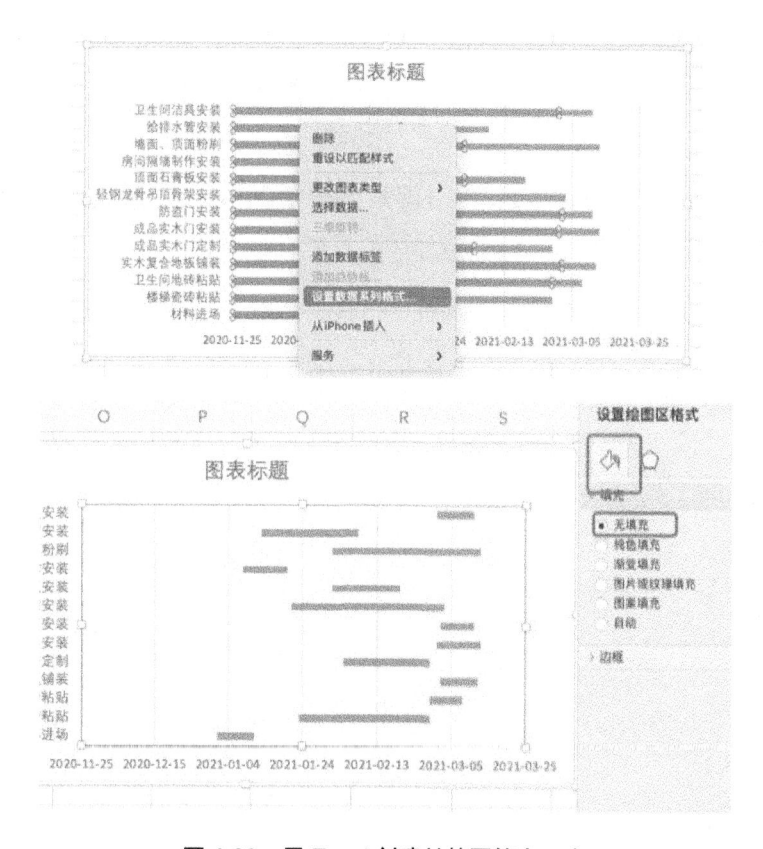

图 4-20 用 Excel 创建甘特图第十二步

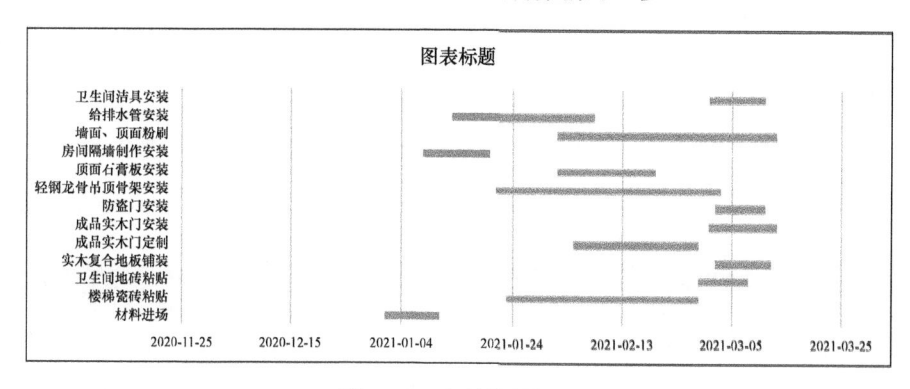

图 4-21 完整的甘特图

结构化工作法 | STRUCTURED WORKING METHOD

> **本节精要**

甘特图可以直观展示任务。它的绘制方法有两种：人工绘制和软件自动生成。绘制方法简单易学，不限于是手工绘制还是软件自动生成，但只适用于任务项较少、时间跨度较短的情况。如果任务复杂，就要借助软件来完成，如 Excel。

第三部分

呈现篇

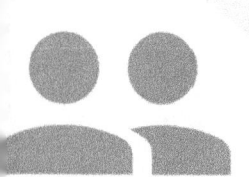

第五章

付诸行动有结果

我今天接到老板交代的一项任务,感觉还挺重要的,所以回到家就打开了电脑。既然任务重要,我的心态一定要调整好,所以还是先休息一下,补充点能量。于是我先吃了一碟瓜子,又啃了一只鸡爪,又吃了三个巧克力派,然后心态调整得不错。

但是感觉有点累,还得调整身体状态。于是我洗了个澡,擦了爽肤水和爽肤露。但又觉得这个氛围还不够给力,于是又给自己冲了一壶香喷喷的咖啡,然后坐到电脑椅上,不一会就……睡着了。

—— 一则关于拖延的小故事

爱拖延是现代人的通病。相信每个人或多或少都有一点。第二天就要交作业,还非得先玩会儿游戏;第二天有事要早起,晚上还

第五章 付诸行动有结果

非得先追个剧。这种情况非常普遍，也确确实实影响了很多人的生活。

在《终结拖延症》一书中，作者记录了十数种拖延现象，如期限拖延、个人事务拖延、简单拖延、复杂拖延、症候、防御、反抗、坏习惯等，虽然给出的解释都很详细，但理解起来还是有些费力。所以在本书中，我将拖延的理由简单划分为四个方面：不想干、不会干、没时间干和没精力干。想要不拖延，就要从这四个方面着手。

第一，在开始行动之前，我们要为行动找一个超越目标的理由，找到行动的动力，解决不想干的问题。

很多人在拿到工作任务的计划后，是不是只要按照计划行动就可以了？还得解决"为什么行动"这个问题。

"为什么行动"不是单纯地问行动的目标，而是问为什么设定这个目标。只有找到那个超越结果的"价值"，我们才会有更充足的动力朝目标迈进。可以简单地将其理解为：要在行动前，对自己和组织内的所有人做一次动员。在本章，我会介绍一种被称为"超级激励法"的黄金圈法则。

第二，有了动力还要有能力，我们要学会快速提高能力的方法，解决不会干的问题。

当缺乏完成目标的能力时，人会自然而然地产生两种情绪：一是初生牛犊不怕虎，管它三七二十一，先干再说；二是畏首畏尾，不敢向前。无论哪种情况，结局往往都不会太好。这时我们需要通过结构化学习提高自己的认知水平、技能水平，让自己具备解决问题的能力。

第三，有了动力、能力后，我们需要学会管理时间，解决没时间

干的问题。

在诸多时间管理方法中，我认为最简单易行的是"清单管理法"，用三份清单来管理自己的时间，它们各自有不同的功能。

第一份是"时间记录单"，让你对自己的时间做一次摸查，让你看到时间都去哪了；第二份是"任务清单"，它需要和之前的各种计划表、甘特图相结合，确定当下要做什么，让你知道自己的时间该去哪儿；第三份是"杂项清单"，它是和"番茄工作法"相配合的记录杂事的清单，可以从侧面确保我们的时间去该去的地方，而不被杂事所影响。当然，除了使用这三份清单管理好自己的时间，我们还需要管理他人时间，善用时间"折叠器"与"折叠术"。

第四，有了动力、能力和时间后，我们还需要有效管理精力，解决没精力干的问题。

在本章，我会介绍一种行之有效的"精力管理金字塔模型"。金字塔的第一层表示通过合理饮食、适度运动、充分睡眠获得健康的体魄，是精力充足的基础；第二层表示积极正面的情绪是精力输出的保障；第三层是注意力，通过专注和聚焦可以保证输出的有效性，避免精力和时间的浪费；最后一层是意义和使命感，这和黄金圈法则中的 why 类似，是驱动我们做事情的最终逻辑。

第五，集体行动要细化到个人行动上，从而有效避免"集体无行动"现象。

第一节　做好动员用黄金圈——解决"不想干"

进入如何动员之前，我们先来看两则广告。

第五章　付诸行动有结果

广告1：

　　我们生产的电脑特别棒。

　　它们的外观特别漂亮，操作起来很简单，而且很人性化。

　　想不想买一个？

广告2：

　　我们做的每一件事情，都是为了突破和创新。我们坚信应该以不同的方式来思考。

　　我们的电脑外观特别漂亮，操作起来很简单，而且很人性化。

　　我们生产的电脑特别棒。

　　想不想买一个？

你会发现，表面上右侧的广告文字要多一些。而读过之后你会发现，两则广告都以"想不想买一个"作为结尾，而第二则广告似乎在这里更能得到肯定的回答，对不对？或者，你至少会产生"这是哪个品牌的广告""这个电脑长什么样""也许我可以先试试"这样的想法。那么，是哪些不同让这些想法产生的呢？答案是：第二则广告的第一段话。

如果我们把这段话去掉，这两则广告基本就一样了，都在告诉人们"我们做的是什么""我们是怎么做的"。二者分别对应英文中的"what"和"how"。而这段话不属于前两者，它是在告诉人们"我们为什么要这么做"，对应的是英文中的"why"。why具有神奇的魔力，它可以唤起人们的"决策"和"行动"。

⏮ 一、别再从"做什么"说起了

与我们平时提醒自己赶快行动不要再拖延时，总喜欢提醒自己任务是什么、要马上开始做什么不同，《超级激励者》一书的作者西蒙·斯涅克认为，激励和鼓舞一个人的正确顺序，应该沿着一个叫作"黄金圈"（见图5-1）的东西，由内而外地进行。

```
                                    Why?
                                    为什么?

                                    How?
                                    怎么做?

                                    What?
                                    做什么?
```

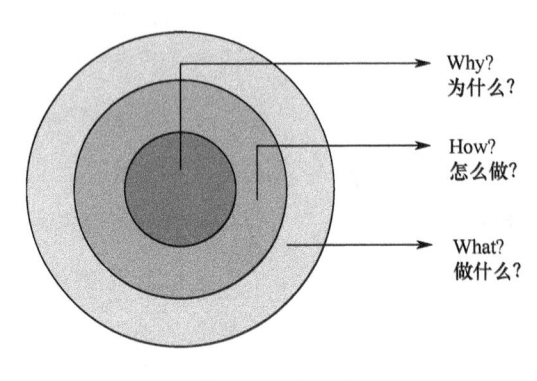

图 5-1　黄金圈

黄金圈由三个同心圆组成，从结构上最外层是 what（做什么），中间层是 how（怎么做），而最内层是 why（为什么做）。

世界上的每个人、每个组织大概都能清晰地知道自己在"做什么"。每个人都能轻松地说出自己所在的组织卖什么产品、提供什么服务，或者自己能为他人提供什么。"我是程序员""我是猎头""我是保姆""我们生产电脑""我们提供方案"，总之，对于"你是做什么的"这个问题很容易回答清楚。

世界上有一小部分人、一小部分组织，是知道自己"怎么做"的。他们会很自豪地告诉他人，他们提供的产品和服务更加优秀，因为他们的做法和其他人不一样。"我写程序的方式更高效""我更会管理人脉""我有丰富的经验""我们的产品外观特别漂亮，操作起来很简单，而且很人性化""我们具有独特的销售模式"，都是在回答"你是怎么做的"。这一部分认识到搞清楚怎么做很重要的人往往止步于此，因为他们觉得"能意识到这一点已经足够了，已经好于大多数人"。

只有极少数人和组织能够说清楚"你为什么这么做"。这里的"为什么做"，指的不是目标本身（因为目标的达成只是结果，就像很多人回答"为什么工作"这个问题时，给的答案是"赚钱"一样），而是你行动的原因，设定目标的目的，甚至是你的信念、价值观，以及你和

第五章　付诸行动有结果

你的公司为什么存在等。

在管理学界广为流传着一个关于石匠的故事：

> 有人分别问三个石匠，你们正在干什么。
>
> 第一个石匠说："我在将一块石头打磨成型，借此养家糊口。"
>
> 第二个石匠说："我在用最好的手艺，将一块块石头打磨成型。"
>
> 第三个石匠仰望天空，自豪地说："我在打磨石头，因为我正在参与建造一座大教堂。"

对这个故事有多种解读，这里我们用 what、how 和 why 重新解读一下。

毫无疑问，这三个石匠做的是相同的事情——打磨石头，可以说，在 what 层面他们没有区别。而当我们看到第二个石匠所说的话时，多少会升起想为这个具有"匠人精神"的石匠竖一竖大拇指的冲动。毕竟，能清楚地表述出 how 的人并不多见，我们能感受到这份工作不仅能帮助他养家糊口，而且带给了他一些乐趣。但只有在看到第三个石匠所说的话时，我们才突然想顺着他的目光，看一看未来将要矗立在这里的教堂是什么样的，那才是他"为什么打磨石头"的动力来源，即 why 层面。

那么，这三个石匠究竟有什么不同呢？

为了养家糊口的石匠，既有可能在其他人开出更高薪资时，放下手里的活计，走到别的工地、别的城市；也有可能在找到更轻松、收入更多的工作后放弃石匠这份工作；更有可能在监工看不到的时候磨洋工，反正工钱又不会少；还有可能在每天起床时抱怨："每天都在和石头打交道，实在太无聊了。正午的阳光照在身上就像滚烫的热油，实在太难熬了。"

为了展现手艺的石匠，比前者好很多。他大概率不太会磨洋工，但有可能为了追求手艺的精进，或者作品的完美，忽略了建造工程的整体进度和他人的协作。

只有最后一个石匠，因为怀揣着使命感和归属感，在整个教堂建造完成之前，都会比另外两人更有动力来到工作岗位。他也会觉得打磨石块是一个单调的工作，但大概率不会因为更高的薪资而跳槽，或者因为一点小事就中断自己的工作，他会和木工、瓦工、油漆工和谐相处，并肩工作。

如果你恰巧也是一个石匠，当你发现自己开始有惰性，开始觉得一锤一锤敲石头太无聊时，请别再从拼命提醒自己要打起精神"做什么"说起了，尝试说说"为什么做"，体验一下 why 的魔力。

二、"为什么做"的魔力来源于人类的本能

是什么原因让"为什么做"有了超级激励的魔力呢？也许这个答案要深入脑科学领域才能找到。

脑神经科学被誉为除物理学外最玄妙的科学。我不太赞同这个说法，因为物理学的产生，也是我们大脑运行的结果。事实上，人类对于整个宇宙的认知可能已经超过对人类大脑的认知了。庆幸的是，脑神经科学发展至今，还是发现了不少人类大脑的秘密。

例如，为了解释大脑的运作原理，很多人都构建过不同的模型。

诺贝尔奖获得者、心理学家丹尼尔·卡尼曼提出过人脑"系统 1 和系统 2"理论，用以代表感性思维和理性思维；传播学家吉姆·柯明斯弄了个"蜥蜴脑、理性脑"模型，更加直观地向人们展现大脑的非理性与理性部分。他们二人都将人脑一分为二。

第五章 付诸行动有结果

神经科学家保罗·麦克莱恩则提出了"三元脑"模型（见图5-2）。他认为按照人类大脑的不同部位在演化历程中出现的先后顺序，应该将人脑分为三层：

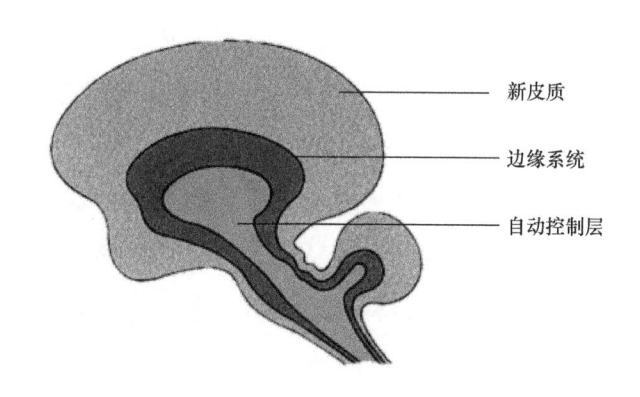

图 5-2 三元脑模型

第一元脑是"爬行动物脑"或"自动控制层"，位于人类大脑的最底层，是大脑中最古老的一层，连爬行动物都有，负责最底层的功能。例如，产生饥饿感、对温度的变化产生排汗或者颤抖等自动行为。

第二元脑是"边缘系统"，位于人类大脑的中间层，是人类进化为哺乳动物时才有的东西，负责管理情绪。例如，人类看到恐怖景象会害怕、看到性感的异性会产生渴望、遭遇困境会感到沮丧等。这些害怕、渴望和沮丧的情绪在第二元脑产生后，会被传递给第一元脑，产生诸如颤抖、心跳加快和浑身无力等行为。

第三元脑是"新皮质"，位于人类大脑的最外层，是人类进化晚期最新出现的部分，负责较高级的功能。例如，认知、记忆、抽象思维、理性分析等。

提出"黄金圈"理论的西蒙·斯涅克则巧妙地将黄金圈的三层结构与保罗·麦克莱恩提出的"三元脑"模型对应了起来。他认为，如果一个人的思维过程是从黄金圈的外层向内层进行的，也就是当说"做什么"的时候，最先调动的是三元脑最外层的"新皮质"，就会让人陷入"思考过度"的困境，总是在权衡利弊，无法快速做出决策并采取行动。而如果一个人的思维过程是从黄金圈的内层向外层进行的，也就是当说"为什么"的时候，最先调动的是三元脑内部的两个脑区"边缘系统和自动控制层"（西蒙·斯涅克称其为"边缘脑"），就会让人先做出决策并开始行动，然后才开始使用"新皮质"对这些决策和行动找出理由。例如，我们先爱上一个人，然后才会思索"为什么会爱上他"；我们先被一个东西"吓得拔腿就跑"，然后才会停下来皱着眉问"为什么跑"。

这难道不是一个特别美妙的发现吗？这甚至完美解释了很多女孩在买包包时的决策和行动过程：最开始看上一款包包后纠结良久，到底买不买？有没有搭配它的衣服？在什么场合背它合适？……而最终令她做出购买决策的理由竟然和以上所有问题的答案都没有关系，仅仅是因为她的同事或闺蜜说的"真想成为公司第一个背上这款包包的人"，而这恰恰是在回答 why。

回到本章开篇的那个例子，"我今天接到老板交代的一项任务"，这是提醒我今天晚上要"做什么任务"，围绕的是黄金圈的最外层（what）。接着我又是调整心态，又是吃瓜子、吃鸡腿、洗澡等，围绕的都是"我要怎么样开始和完成任务"，是从 what 转向了 how。但是这两层的行为都只停留在"新皮质"层，使人陷入了"思考过度"的困境，以至于我迟迟无法下定决心，立即开始工作。但其实呢？why 一直在我的脑海中盘踞着，因为我"感觉还挺重要的"。这个感觉是一种类似直觉的感受，可我就是视而不见。在这个例子中，具体的 why 是什么可能因人而异，但无论如何我们都要找到它。

三、使用 5what 法找 why

我们要如何才能找到位于黄金圈中心的 why 呢？正确的方法是找到行为背后的终极目的。我们要试着问问目的的目的，或目的的目的的目的。对应到黄金圈中，就是问问实现最外层的 what 之后，能达成什么更高层次的 what。我们称这个方法为"5what 法"。

在管理学界，有一个鼎鼎大名的"丰田 5why 法"。这个法是一个寻找问题根本原因的方法，说的是在丰田的车间里有很多机器在运行着，突然有人发现地面上有一摊油。这是一个问题：为什么地上会有油呢？因为机器漏油了。机器为什么会漏油呢？因为某个密封垫圈老化，导致它的密封性不够好，所以漏油了。为什么这个垫圈会老化呢？因为采购人员买了较差原料做的垫圈。为什么会采购原料差的这些垫圈呢？因为企业要控制成本，要把价格降下来。为什么企业要用低价格去采购这批垫圈呢？因为采购部门核算成本绩效，必须降低所有材料设备的采购价格。

从地上有一摊油开始，使用连续的 why 进行追问，竟然找到了"采购战略调整"这个让地上有一摊油的深层次原因。利用 5why 法往前追溯可以对问题的原因进行深入挖掘，那么如果利用 5why 法向后追问，是否能够找到最终的目的 why 呢？是不是问一问"为什么要开始这个工作""为什么要完成这个目标"就可以呢？最终发现，这是比较困难的。

困难来自两个方面：一是"为什么"本身有较强的追溯性，很容易导致问着问着就变成了问"因为什么"，而非"为了什么"；二是用语言回答一个问题需要非常强的理性思维，也就是需要"新皮质"的参与，但 why 是由"边缘脑"产生的，而皮质脑更多的是解释 what。

所以我们需要利用5个what来找到why，把为什么问题改为是什么问题。例如，当我们想问"为什么要开始这个工作"时，可以把问题更换为"开始这个工作的目的是什么"或"完成这个目标的目的是什么"，而由于我们很难一下子找到最深层次的why，所以往往要多问几个what，根据前一个what的答案继续追问，直到找到满意的答案。这就是寻找why的5what法。

仍以本章开篇的那个例子做分析，试着对"我今天接到老板交代的一项任务"多问几个what。这个过程大概是这样的：

第一个what：我完成这项任务的目的是什么？
回答：达成领导的期望。
第二个what：我达成领导期望的目的是什么？
回答：解决领导的问题。
第三个what：我帮领导解决问题的目的是什么？
回答：赢得他的信任和对我工作能力的认可。

虽然没有问到5个what，但似乎已经找到需要的那个why了。如果完整地分析一下，你就会发现，在这个例子中"完成任务"是what，"用端正的态度、舒适的方式工作"（补充能量、洗澡）是how，而"我如此积极地完成这个任务的目的，是帮助领导解决燃眉之急，从而赢得他的信任和认可"则是最核心的why。试想一下，在接到任务的一瞬间，先从why给自己做动员，就会有一种"我要马上开始"的冲动。之后再来寻找how如何做的时候，补充能力和洗澡还是必需的吗？可能就不一定了，也许"以最快的速度和最好的质量"完成，才是正确的how。

除了工作中的行动，我们也可以使用5what法找到生活中的目标背后的那个why。例如，"在一个月内，通过低碳饮食法进行减脂，将BMI降低至23.5以内"是一个明确的目标。但是，其中"在一个月内，通过低碳饮食法"是 how，"减脂，将 BMI 降低至 23.5 以内"是 what，并没有 why，所以很难产生立即行动的效果。这时就可以问一问：

第一个 what：减脂，将 BMI 将至 23.5 的目的是什么？

回答：解决身材臃肿的问题（或为了降低血脂）。

第二个 what：解决身材臃肿的目的是什么？（或降低血脂的目的是什么？）

回答：为了身材更美观（或为了身体更健康）。

第三个 what：让身材更美观的目的是什么？（或让身体更健康的目的是什么？）

回答：为了更自信（或为了更幸福）。

自信或幸福应该符合绝大多数人减肥的 why 了。我们对比一下，为了单纯减脂而减肥和为了自信或健康而减肥的行动效果，哪个更好呢？无疑是后者。所以，有效动员的方法，就是找到个人或组织目标的 why。

本节精要

黄金圈由三个同心圆组成，从结构上最外层是 what：做什么；中间层是 how：怎么做；而最内层是 why：为什么做。它们分别对应着人类大脑的"新皮质""边缘系统""自动控制层"。先从 why 开始说，可以非常有效地调动人的直觉，产生更强的动力。使用 5what 法，可以有效地找到每个目标，甚至每个人的 why。

第二节 能力提升用学习法——解决"不会干"

我们先来看两个例子，一起回忆一下是不是也曾遇到过这样的场景。

场景1：A公司的销售客户代表Andy发现自己在写方案时思路混乱、抓不到重点，给客户讲解时说得乱七八糟，客户甚至怀疑他的专业度。Andy的领导说这是因为他思考和表达的能力不足。

场景2：B公司的销售经理Tom最近遇到很头疼的问题，领导要求他尽快将销售团队的高离职率降下来，并且要把业绩提上去。

在第一个例子里，Andy非常苦恼，而苦恼的来源是什么呢？是Andy的写作能力有所欠缺，导致客户和领导对他都不满意；在第二个例子里，Tom很头疼，他头疼的原因更加复杂，不仅是某项能力的不足，而且面对了一个具有挑战性的问题。这个问题是"如何降低离职率，提升业绩"，而Tom可能既缺乏相关能力，也没有相关经验。

无论是制定了一个自己没有能力完成的目标，还是对完成一项任务所需的某种或多种能力有所欠缺，我们所要面对的已经不仅是因为不会干而产生的拖延、畏惧情绪，更严重的是，即使不拖延，立即开始行动，也依旧到达不了目标所指向的结果。

古语云"书到用时方恨少，事非经过不知难"，我们在需要处理超出能力和经验以外的任务时，往往会有所悔恨，并下定决心进行专项的学习和练习，期待下次遇到相同问题时能够迎刃而解。但是我们又常常觉得，知识和技能往往需要长时间的积累和练习才能掌握，解决问题的能力需要丰富经验的积累才能有所突破，然后将学习的计划搁置，对不对？这也是一个从畏惧任务—拖延任务到畏惧学习—拖延学习的恶性循环。

怎么办？我们需要掌握结构化学习的方法。

第一步：设定学习目标。回答的是为什么学。

第二步：锁定学习内容。回答的是要学什么。

第三步：**制定学习规划**。回答的是该如何学。

第四步：**掌握学习技巧**。回答的是该如何练。

第五步：**加深学习效果**。回答的是该如何"教"。

一、明确学习需求，设定学习目标

我们需要明确自己的学习需求。是为了提升某个方面的能力，还是解决一个现实问题，抑或是让自己匹配一个职位？这一步的关键是，在确定学习需求后，给自己一个学习动力，并使用 SMART 原则清晰地描述学习目标，让自己知道通过此次学习达到怎样的一个状态。

在 Andy 的例子里，Andy 产生了学习的需求，这个需求来自他能力的欠缺，解决方法是提升自己思考、写作和口头表达的能力；在 Tom 的例子里，他可能既缺乏相关能力，也没有相关经验，他的学习需求也因此而产生。

他们要怎么描述自己的学习目标呢？

> Andy 的学习目标是：提升写作能力
>
> Tom 的学习目标是：降低离职率，提升业绩

这样可以吗？如果提升写作能力是目标，那么在多长时间内，将写作能力提高到什么程度呢？这个程度用什么方式能够量化呢？如果降低离职率、提升业绩是目标，那么有时间限制吗？离职率和业绩都有什么样的指标呢？是用高薪留人、增加巨额推广费来完成这个目标，还是在不增加资金成本的基础上完成这个目标呢？这些细节都没有体现出来，所以这样的目标描述是不清晰的。

前面我们说过清晰描述目标要符合 SMART 原则，所以可以这

样说：

  Andy 的学习目标是：在 3 个月以内，提升写作能力，将客户满意度提升 20%；

  Tom 的学习目标是：用 2 个月的时间，在不增加成本的基础上，将离职率降低至 10% 以内，并提升业绩 5%。

⏮ 二、解析核心能力，锁定学习内容

  无论学习是源于能力需求、问题需求，还是岗位需求，我们都可以为此制定一个清晰明确的目标。但只有一个整体的目标还不够，所有目标都需要进行深度的解析，解析出我们需要掌握的核心能力，将其转化为具体的知识模块，锁定接下来要学习的内容，这样才能指导我们去组织自己的学习素材。

  畅销书《巨人的工具》作者、美国著名作家蒂姆·费里斯，除了写过很多本知名著作，还能说六门外语——中文、韩文、日文、德语、西班牙语、意大利语，并通过远程工作，经营一家营养品跨国公司，精通散打和流镝马，保持一项探戈舞吉尼斯世界纪录，是一位真正的精英牛人。从他取得的这些成就我们可以推断，蒂姆·费里斯也是一位深谙高效学习的高手。

  蒂姆·费里斯在他的书里、在 TED 演讲中都分享过他的学习秘诀，是一个叫作 DSSS 的模型。DSSS 是四个英文单词的首字母，即解构（Deconstruction）、选择（Selection）、排序（Sequencing）、下注（Stakes）。这个模型最先强调的是"解构"。什么是解构？蒂姆·费里斯认为，多数技能看起来都不简单，在学习之前，要对整个领域进行透彻研究，找出最小的学习单元，并且对学习过程进行优化。

第五章 付诸行动有结果

解构就是解析结构的意思，这也是结构思考力一以贯之的思维方式，遇到问题拆解问题，有了目标先解构目标。那么，应该如何解构学习目标呢？

在本书第三章第三节第三点"拆解个人目标"中，我们曾经举过一个例子，如图5-3所示。

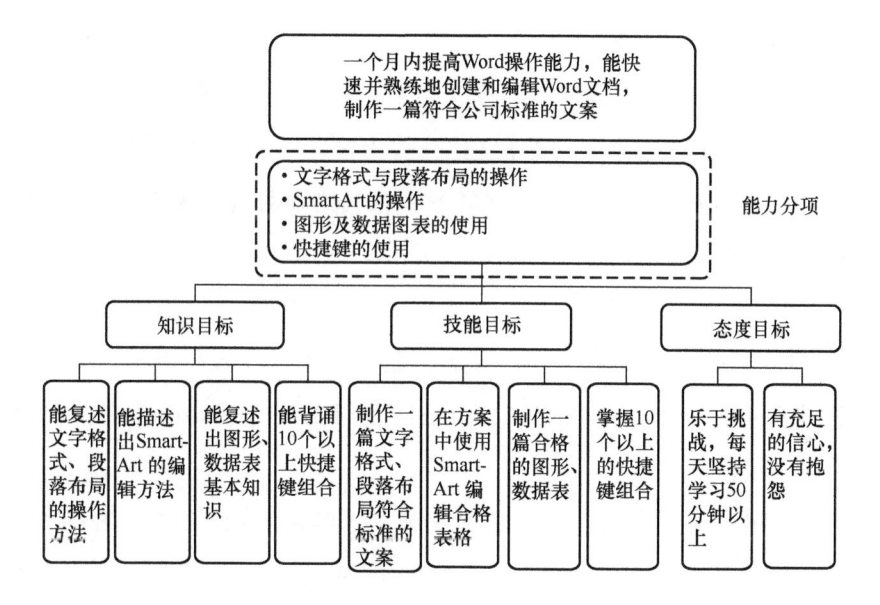

图5-3 拆解个人目标示例

在这个例子中，我们使用了"KSA能力模型"，将知识目标K拆解成四个分项知识：能复述文字格式、段落布局的操作方法，能描述SmartArt的编辑方法，能复述出图形、数据表基本知识，能背诵10个以上快捷键组合；将技能目标S拆解成四个分项技能：制作一篇文字格式、段落布局符合标准的文案，在文案中使用SmartArt编辑合格表格，制作一篇合格的图形、数据表，掌握10个以上的快捷键组合；将态度目标A拆解成两个分项态度：乐于挑战、有充足的信心。

137

⏮ 三、合理配置资源，制定学习规划

在有了目标，以及需要学习的素材后，接下来需要统筹时间和精力等资源，对学习做一次完整的规划。规划不是确定什么时候开始、什么时候结束以及每天学多少这么简单，而是一套行之有效的规划法则，我们称之为721学习法则。

721是指，70%的学习成效来自自身的学习经验、工作经验、生活经验；20%的学习成效来自非常规培训，例如，观察周围优秀的同事和导师，以他们为榜样从他们身上学习；10%的学习成效来自正规培训，如读书、单位组织的各种培训等。

普林斯顿大学创造领导中心的摩根·迈克尔在《构筑生涯发展规划》中提出了721学习法则，它是现在很多大学和公司培训、制定员工学习路径图时依靠的法则。这个法则是摩根等人观察了很多人的学习效果后获得的。

很多知名企业在培训员工时都遵循721学习法则。例如，在某500强公司销售人员的学习路径图（见图5-4）中我们可以看到，新进销售人员需要经历五个阶段的学习。其中，在第1阶段，安排了36小时的培训和48小时的练习。在第2阶段，安排了24小时的培训和72小时的练习。在第3、4阶段，除了各自12小时的培训，以及第3阶段的80小时和第4阶段48小时的练习，各自还增加了24小时和30小时的分享。分享可以在论坛或会议中完成，也可以通过担任讲师或教练来完成。最后一个阶段因为已经是高级销售人员，掌握了大量的基础知识，所以在这里只进行48小时的练习和30小时的分享。

我们应该如何借鉴721学习法则来分配自己的时间呢？我们来看一个例子。

第五章 付诸行动有结果

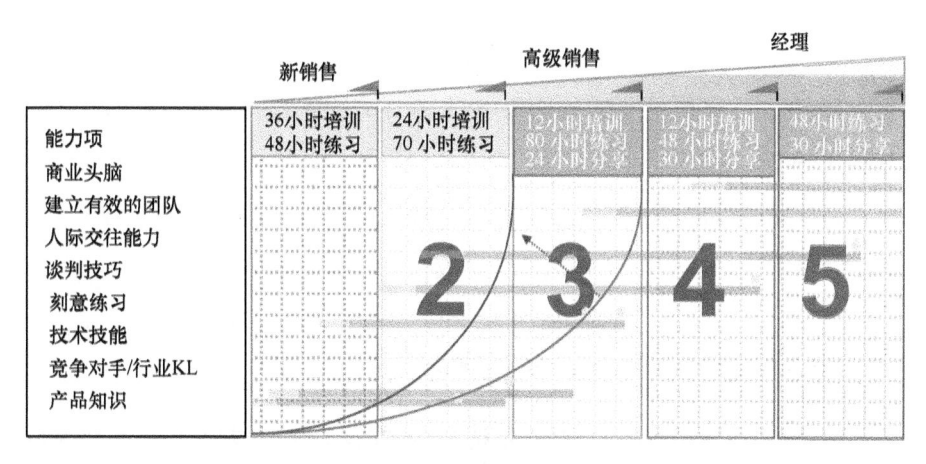

图 5-4 学习路径图

假如我们制定了一个学习目标，清晰表述后是这样的：

用 3 个月的时间，提高 PPT 图表处理能力和使用能力，能够独立制作包含大量图表的 PPT，并成功演讲一次。

这些内容在按照 721 学习法则划分后的时间投入结构如图 5-5 所示。

目标能力	分解能力	学习内容	70% 在岗实践	20% 辅导他人	被辅导	10% 课堂培训	自主阅读
用3个月的时间，提高PPT图表处理能力和使用能力，能够独立制作包含图片、视频、表格数据的PPT，并成功演讲一次	1.图表处理 ·图表的选择 ·图表的制作 ·图表的配色 ·版面的设计 2.图表使用 ·使用图表表达 ·使用图表作演讲 ·使用图表讲故事	K ·图表的种类 ·图表的形式 ·绘制图表的方法 ·图表的用途 ·色彩的基本知识 ·色彩的搭配技巧 S ·根据实际需要选择合适的图表进行表达 ·能绘制出常见图表 ·能为图片配置恰当的颜色 ·能使用图表作演讲 ·能使用图表讲故事 A ·深入思考、避免随意严谨细致	独立制作一份包含大量图表的PPT ·使用图表PPT进行演讲 ·使用图表讲故事	参加PPT制作的培训，转训其他同事	·观摩精于此道的同事的演讲 ·请优秀者针对自己的PPT提出反馈意见	·PPT图表设计 ·使用PPT作演讲 ·PPT色彩搭配	PPT图表的处理和使用

图 5-5 按照 721 学习法则划分后的时间投入结构

10%的时间用来课堂培训和自主阅读：学习"PPT 图表设计""使用 PPT 作演讲""PPT 色彩搭配"，以及 PPT 图表的处理和使用的知识；

139

20%的时间用来辅导他人和被辅导：参加PPT制作的培训，转训其他同事，观摩精于此道的同事的演讲，请优秀者针对自己的PPT提出反馈意见；

70%的时间用来在岗实践：独立制作一份包含大量图表的PPT，使用图表PPT进行演讲，使用图表讲故事。

四、刻意开展练习，掌握学习技巧

按照721学习法则，想要获得其中70%的学习成果，就需要对知识进行有效的实践，而自己实践知识的最有效方法叫作刻意练习。在《异类》这本书中，作者提出了一个著名的理论，叫作"一万小时定律"，该理论认为一万小时的练习能让平凡人变成大师。刻意练习和单纯一万小时练习的最大不同在于，前者强调这几个方面：一是要做到有目的的练习，二是要训练大脑的适应力，三是需要寻找一个匹配你学习能力、进度的导师。

1. 有目的的练习

有目的的练习具有定义明确的目标。这个目标我们前面反复强调过，就是借用SMART原则来制定，也就是训练目标要明确、可衡量、可达成、有资源或条件限制，并且有时限。有目的的练习是专注的，要想取得进步，必须把全部注意力集中在任务上。

2. 训练大脑的适应力

对于肌肉的训练，我们有明显的感知。例如，做俯卧撑，起初你可能做不了几个就因为肌肉的酸楚而不得不停下。但随着训练频率与强度的逐渐增加，你的肌肉开始适应这样的训练强度，酸楚感袭来的时间越来越靠后，从30个到50个到100个，胸肌开始以肉眼可见的速度增加。但你也会发现，如果不再增加强度，肌肉也不再增长了。

脑神经领域的科学家使用核磁共振成像等脑部成像技术研究过拥有特定技能的人与不具备特定技能的人的大脑的区别。结论很明显：大脑和肌肉一样，会在大量的练习之后发生某些特定的改变。换句话说，大脑和肌肉一样，也能"越练越大"，也会对训练强度产生适应，当大脑或肌肉对某一强度的训练适应以后，同等级强度的训练所起的作用会逐渐降低。人在学习一项新的技能或增加原有技能的强度时，能够触发大脑结构的变化，这种练习比只是没有挑战的学习或练习已学会的技能要高效得多。

3．寻找一个匹配你学习能力、进度的导师

在职业生涯中，如果我们能够碰到一位有智慧的导师，都会从中获益。这样的导师会给我们的职业带来巨大的影响，让自己能在相应的人生阶段少走弯路，更快地成长。

"闻道有先后，术业有专攻。"有些人知道学习某些事情的最佳次序，理解并示范正确的方式来展示各种各样的技能，并且能够设计一些专门用来克服特定缺陷的练习活动。在这些人的指导下，我们能够迅速地取得进步。

例如，华为的"全员导师制"就是一项非常好的员工培养制度，不仅可以有效缩短员工进入新环境的磨合期，让员工尽快适应新的工作岗位，而且可以密切员工之间、上下级之间的关系，值得所有民营企业学习和借鉴。

如果自己没有导师，怎么办？别急，你可以成为自己的导师。你只需保持专注、自我反馈、及时纠正即可。

专注很容易理解，如果没人指导，还三心二意，学习效果肯定好不了，专注就是需要保持动机并持续练习；反馈是指在练习中无论是

结构化工作法 STRUCTURED WORKING METHOD

进步、退步还是停滞不前,都要试着分析原因;纠正是分析反馈中遇到的问题,思考并寻求解决方案,然后继续练习。

美国开国元勋之一、著名的发明家和物理学家本杰明·富兰克林,最被人们津津乐道的就是他的风筝实验。其实,他还是一位文学家。

据富兰克林自己回忆,他在童年时代受过的教育,最多只能让他当一名普普通通的写作者,即能够把句子写通顺。后来,他偶然看到一个名为《观察家》的英国杂志,自己被其中高质量的文章所深深吸引。富兰克林决定,他也要写出那样漂亮的文章,但没有人教他怎么做。

富兰克林在没有导师的情况下,自己摸索出了一套阅读和写作的方法,这套方法印证了我们刚刚讲过的三个方面。

首先是专注。每当读完一篇高水平的文章后,富兰克林都会沉思默想,抓住主要内容,做好文摘。几天后,富兰克林会把所有的文摘找出来,认真阅读,借助文摘回忆之前读过的文章。试着不看原文,用自己能够想到的合适的词句,对文摘加以引申,尽力表现得跟原来一样。

然后是反馈。富兰克林把原文翻开,和自己复述的草稿进行比对。在比对的过程中,他就能非常清晰地看到自己做得好的与做得不好的地方。

最后是纠正。针对做得不好的地方进行重新阅读与写作练习,然后反复多次。

经过以上三个步骤,富兰克林对所读作品的精妙之处有了更深刻的体会,在反复改写的过程中,他学到了作品遣词造句、谋篇布局的种种技巧。久而久之,富兰克林的写作水平有了显著提高。

当我们练习一项技能,掌握一项知识,或没有导师帮助时,不妨借鉴富兰克林的做法。

五、使用费曼技巧，加深学习效果

另一种有效的方法是向身边的人输出知识。这种方法由理查德·菲利普斯·费曼所创，即大名鼎鼎的"费曼学习法"。

费曼于1965年获得诺贝尔物理学奖，是美籍犹太人、理论物理学家、量子电动力学创始人之一、纳米技术之父。

费曼发现，在课堂上他的物理研究生学生能够把复杂的物理学公式倒背如流，但不能回答他提出的生活中的简单物理学问题。研究了很久，他才明白，原来学生把什么都背得很熟，但完全不理解自己在背什么。费曼说，我们要明白"knowing something"（了解一些事）和"knowing the name of something"（知道某件事的名称）的区别，这也是他总结的，自己能够成为20世纪最优秀的物理学家的重要原因之一。

那么，费曼是怎么做的呢？

第一步，选择并理解一个概念，并且使用解构的方法去理解。

第二步，教授并传递这个概念。将你知道的和与这个概念相关的一切都写下来，并解释这个概念。费曼建议你把你的教授对象定位为小学生，而不是一位聪明的大学生或者同事，然后用小学生能听懂的语言去解释这个概念。当使用这种方法叙述出你对一个概念的理解时，其实是在迫使你自己更深刻地理解这个概念。如果做不到，或者做起来很难，就说明你还没有完全理解它。

例如，当年仅4岁的儿子问我"为什么人是由猴子变的"时，我意识到两件事情，一是，这是一次很好的教育机会；二是，跟一个孩子解释进化论是很艰难的。最后我尝试用下面这段文字向他解释，效果还不错。

结构化工作法 | STRUCTURED WORKING METHOD

人不是由猴子变的,但猴子是我们的"亲戚"。

你可以这样理解:猴子、狒狒、猩猩这些物种,和人类是远房亲戚,我们的共同祖先要追溯到几百万年前。当时有一位古猿妈妈,生了两个小古猿,其中一个小古猿发生了一点点的基因突变,成了人类的祖先,在他的后代中,诞生了智人,也就是人类的直系祖先;而另一个小古猿也发生了基因突变,只是它的基因突变和它的哥哥不太一样,它就成了猴子、狒狒、猩猩的祖先。

我这只是为了便于你理解,用了一种简化的形象的比喻,而实际发生过程要复杂一些,历时也更长一些,也不是某一次基因突变的结果,而是环境变化和无数次基因突变累积的结果。

所以,如果再有人说"人是由猴子变的",感觉上是不是就像有人说"我是由我表哥变的"一样荒谬?

在整理完这段文字后,我进一步加深了对进化论的理解。

第三步,返工。这一步针对的是第二步。当开始教授别人时,我们发现自己很多时候都解释不清,原因有很多,可能包括自己理解上的问题、忘记的重要方面或者难以解释的地方。这个过程和富兰克林的写作练习类似,只是反馈更全面,不仅包括自己给出的反馈,也包括被教授者给出的反馈,无论是持续地提问,还是直截了当地说没听懂,都是特别有价值的反馈。这时我们需要返回原材料中,如书本、网络资料、培训笔记或在线课程等,重新学习相关部分。学习完成后,回到第二步,再向他人解释我们之前没有讲授清楚的部分,直到可以完整地将一个系统的概念解释清晰。

第四步,也是最后一步,回顾和精简。把刚刚对于概念的解释写下来,重新回顾这些解释,确保没有借用任何复杂概念,然后大声读出来。这个概念如果有不够简洁或者听起来有令人困惑的地方,就再精简,力争用最少的文字去解释清楚。而这时,我们会发现自己真的理解了这个概念的实质。

费曼学习法不仅适用于知识的学习,也适用于技能、方法的传授。

本节精要

结构化学习的方法一共有五个步骤:

第一步:设定学习目标

第二步:锁定学习内容

第三步:制定学习规划

第四步:掌握学习技巧

第五步:加深学习效果

第三节 管理时间用三清单 解决"没时间干"

解决了容易造成拖延的不想干、不会干这两个维度,下面我们就来看看,如何解决没时间干的问题了。

时间是什么?面对这个问题,绝大多数人都略显迷茫,只有少数哲学家和物理学家能够清晰地描述自己的答案。

康德说:时间只是一种意识上的概念,是一种人为规定的有先后次序的规则。

博尔赫斯说:时间是组成我的物质,是一条载着我向前的河流,可我就是这条河流。时间是一头吞噬我的老虎,可我就是这只老虎。时间是一团把我烧成灰烬的火焰,可我就是这团火焰。

结构化工作法 | STRUCTURED WORKING METHOD

牛顿说：时间是宇宙的一个基本结构，就是一个单向的维度。时间单独存在。

爱因斯坦说：时间不会独立于事件顺序，我们通过事件来测量时间。火车不是晚上 7 点到达车站，而是在那时时针刚好指到 7。时间和空间搅和在一起了，物体的引力和速度都会影响时空，时空本就一体。

在维基百科中，时间被解释为"时间是一种尺度，在物理学中的定义是标量，借着时间，事件发生之先后可以按过去—现在—未来之序列得以确定（时间点/时刻），也可以衡量事件持续的期间以及事件之间和间隔长短（时间段）"。

这样一看，还是维基百科最靠谱，至少它对时间的解释更容易被我看懂，所以我简单地将时间看作一件事发生结束、另一件事又发生又结束的不断重复。我们能掌控的，不是时间流逝的规则，而是所参与的事情什么时候开始、什么时候结束。而一件事情"什么时候开始、什么时候结束"，就是所谓的时间管理。

说到时间管理，大家都不陌生，但又都不了解。作为近几年的流行热词，时间管理可谓人尽皆知，但绝大多数人都陷入了时间管理认知的误区。

误区一：有的人认为自己只是一个小人物，不是什么精英人士或大老板，自己的时间不值钱，哪里还需要时间管理这么高端的操作，纯粹是投入大于产出、吃力不讨好的行为。

误区二：有的人认识到了时间管理的重要性，开始下意识地记录自己的待办事项、领导交代的任务，在笔记本上记得满满当当，然后对完成的打钩，对未完成的打叉，感觉自己对时间的掌控感十足，但办事效率并没有比以往提高多少。

误区三：有的人对时间管理特别认真，总是设法寻找最高明的时间管理方法，每当发现新的理论都会迫不及待地学习和尝试，却始终没有形成自己的时间管理体系。

鉴于以上这些误区，我结合结构化时间管理的理论和自己的实践经验，首先用"结构思考力三层次模型"将时间管理分为理解、重构和呈现三个环节。每个环节对应一个时间管理清单，简单高效地帮助我们总结一套行之有效的时间管理体系。然后，我还会分享三种与时间管理清单搭配使用，起到补充与强化时间管理效果的工具或理念。

一、理解，用时间记录单知道时间去哪了

要想成为时间管理高手，首先要让自己对时间具有一定的敏感性，只有感觉到时间才能管理时间。

曾经在网上有一个段子引起了广泛的讨论：

> 你向老板请一天假。老板推心置腹地说："你想请一天假？看看你都为公司做了什么？一年里有365天、52个星期，你已经每星期休息2天，共104天，剩下261天在工作。你每天工作8小时，有16小时不在工作，全年大概一共174天，所以还剩87天。每天你至少花30分钟时间上网，加起来每年23天，还剩64天。每天午饭时间你花掉1小时，又用掉46天，还剩18天。通常你每年请2天病假，这样你的工作时间只有16天。每年有5个节假日公司休息不上班，所以你只干11天。每年公司还慷慨地给你10天假期，算下来你一年就工作1天，而你还要请这一天假！"

首先声明，这个段子漏洞百出，错误连篇，并不需要大家一一计算

并反驳,我只想借此唤起大家对时间的敏感性:每个人的时间都是一笔糊涂账,老板能用这么荒谬的时间计算法忽悠我们,只怪我们平时对时间不敏感。所以,我们真的要好好记录一下,时间究竟去哪儿了。

在以往的培训课堂上,我经常要求学员用这张时间记录单(见表5-1)对将要到来的某一天进行记录,然后使用邮件或者在线传输工具发给我。

表5-1 时间记录单

行为项	内容	时间(小时/分钟)
休息	包括午休与小憩在内的休息时间	
进餐	包括准备食材、加工食材和进餐	
学习相关	包括阅读、笔记和在线课程等	
工作相关	实际工作时间,并非上班时间	
上网	看帖、刷剧等与学习、工作无关	
看电视	看电视	
运动	包括准备时间和修整时间在内	
娱乐	主要指游戏时间	
陪伴家人	与家人沟通、相伴的时间	
杂项	……	
	总计	24小时/1 440分钟

这张时间记录单的填写有多种方式,我建议在不刻意改变日常生活规律的前提下,每天固定两到三个时刻,如午餐后、晚餐后和临睡前,分别回忆和整理各分项时间,最后加总在一起。如果随时记录,就会打乱原本的时间节奏,从而陷入所谓的"测不准"陷阱。

很多学员经过一到两周的记录后,惊奇地发现:自己用在学习或工作上的时间,远没有自己认为的那么多;每天都会有那么几小时神奇地"消失了",如表5-2所示。

第五章　付诸行动有结果

表 5-2　时间记录单上的时间

行 为 项	内　　容	时间(小时)
休息	包括午休与小憩在内的休息时间	8
进餐	包括准备食材、加工食材和进餐	2
学习相关	包括阅读、笔记和在线课程等	1.5
工作相关	实际工作时间,并非上班时间	6
上网	看帖、刷剧等与学习、工作无关	1
看电视	看电视	0
运动	包括准备时间和修整时间在内	0.5
娱乐	主要指游戏时间	0
陪伴家人	与家人沟通、相伴的时间	2
杂项	……	3
	总计	24 小时

表中杂项所包含的 3 小时,是用 24 小时减去所有记录的时间。这 3 小时究竟花在什么地方了,是很难被记录到的。这是因为:第一,我们每个人都无法非常精确地记录每一分钟,总有一些时间会被我们忽略掉。第二,事件与事件之间的承接转合并非无缝衔接的,一个任务完成后我们可能会不自觉地花费一段较长的时间去结束它,像某种仪式,然后再花费一段较长的时间去开始下一个任务。

这个时间记录单并不是固定格式的,每个人都可以根据自己的实际行为项进行增减。如果有兴趣,还可以将杂项进行展开,把类似"伸个懒腰""到楼下扔个垃圾""给外卖员打一个五星好评""和淘宝卖家理论"等细枝末节的事情也记录下来。

通常使用时间记录单一到两周后,我们就会对时间有了比较清晰的感知,做好了开始重构时间的准备。

二、重构，用任务清单确定时间该去哪儿

单纯地记录时间，并不能够带来任何改变。要想让自己的时间更高效，我们需要任务清单，对有限的24小时进行重新整理和分配，从而确定自己的时间该流向哪里。

那么，时间该去哪些地方呢？工作、学习和生活，更确切地说，是工作计划、学习计划和生活计划。在前文我们已经通过一系列手段，将个人目标进行了拆解，并且画出了甘特图（见图5-6）。

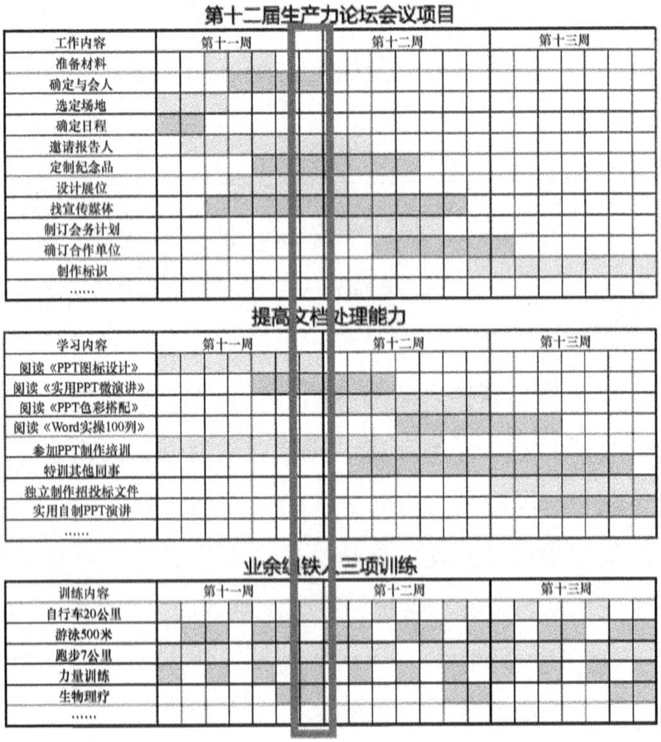

图 5-6　甘特图

第五章　付诸行动有结果

在这三张甘特图中，如果具体到某一天，可能工作任务要完成三项、学习任务要完成三到四项、运动任务要完成三到四项。除此之外，可能还有类似陪伴家人、交友聚会、医疗检测等，它们共同组成了一天的行动项。

如果像前面的误区二一样，将所有事项——列举，然后随着时间的推移，对做过的和没做的做一个简单区分，从某种意义上来说，这和没有采取任何时间管理没什么两样。而且，不断累积的任务清单和那些被打了大大的叉号的任务还有可能引发我们的逆反心理：反正无论如何也做不完，干脆歇会吧！这就是**事无巨细式任务清单被时间管理领域所摒弃的原因**。

任务清单确实是来记录任务的，但我们需要关注的是，应该如何筛选任务，哪些任务需要在这份清单上体现，哪些不需要。

除了事无巨细式任务清单，目前市面上比较流行的、被广泛认可的任务清单有以下几种。

1. 3+2 任务清单

这种任务清单遵循的撰写原则是"三项大任务+两项小任务"。任务的划分依据是每种任务所需的时间。操作方法也特别简单：将当天或第二天需要完成的分项任务，使用个人估算法或专家估算法进行时间估算，选择耗时最长（一般超过 1 小时）的前三个任务作为大任务；然后再选择耗时在 30 分钟内的两个任务，而时长处于两者之间的任务则无须记录。

2. 1+3+5 任务清单

这种任务清单遵循的撰写原则是"一项大任务+三项中型任务+五项小任务"，任务的划分也是依据每种任务所需的时间。

3．3-MIT 任务清单

MIT 是 Most Important Task 的首字母缩写，即"最重要的任务"。它所遵循的撰写原则和上面两种不同，它不以时间为标准，而以优先级为标准。使用这种任务清单最重要的是，在找到一天中必须完成的三个任务之后，无论如何也要把它们完成，并且坚持下去。

除了上述这三种任务清单，还有一些任务清单，在此不再一一列举。我们要做的是，从这些清单中发现某种规律或原则，或者找到撰写某种任务清单的"结构"，直至找到最适合自己的任务清单。

任务清单撰写原则有三个：区分行动项的重要性和紧急性、每日清单的行动项不超过 8 个和使用 3W2H 描述行动项。

首先，区分行动项的重要性和紧急性。

使用"四象限"（也称"艾森豪威尔盒子"，见图 5-7）可以将一天中所有行动项划分为四个类别：

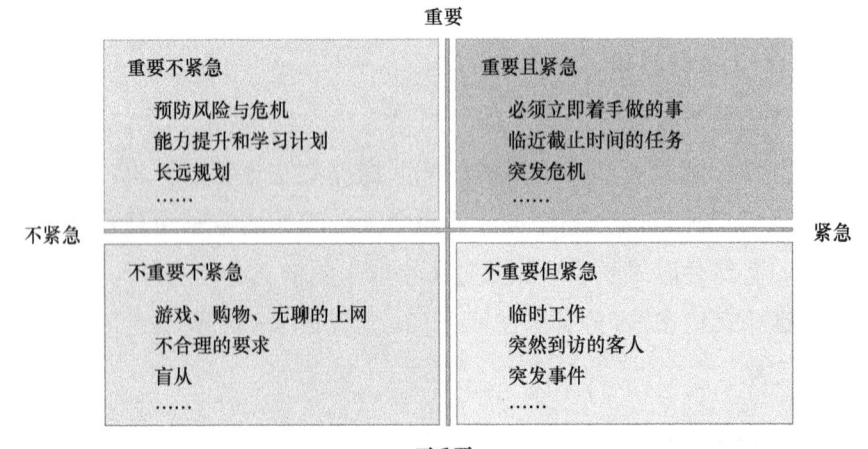

	重要	
不紧急	重要不紧急 预防风险与危机 能力提升和学习计划 长远规划 ……	重要且紧急 必须立即着手做的事 临近截止时间的任务 突发危机 ……
	不重要不紧急 游戏、购物、无聊的上网 不合理的要求 盲从 ……	不重要但紧急 临时工作 突然到访的客人 突发事件 ……
	不重要	

图 5-7　四象限

第一象限重要且紧急，包括必须立即着手做的事、临近截止时间的任务、突发危机等；

第二象限重要但不紧急，包括预防风险与危机、能力提升和学习计划、长远规划等；

第三象限不重要但紧急，包括临时工作、突然到访的客人、突发事件（非危机）等；

第四象不重要且不紧急，包括游戏、购物、无聊的上网，不合理的要求以及盲从等。

在区分重要性和紧急性的时候，可以先将所有任务进行归类，之后再确定选择哪些列入任务清单。这就要参考第二个原则。

其次，每日清单的行动项不超过 8 个。

在前面列举任务清单的时候，3+2 任务清单要求列出 5 个，1+3+5 任务清单要求列出 9 个，3-MIT 任务清单则要求列出 3 个。而我建议大家从四象限中最多拿出 8 个行动项来撰写任务清单，并在任务清单上进行明显区分，如图 5-8 就采用了不同灰度去对应不同的象限。

具体到 8 个行动项如何分配、每个象限占据几个则不做硬性规定，大家可以根据每天任务的不同进行自由分配。我只提一个小小的建议，那就是第四象限"不重要且不紧急"尽量空着，我们要学着放弃它们。

最后，使用 3W2H 描述行动项。

在确定 8 个行动项后，就要认真地写下它们。但是，如果把某天的某个行动项写成"制作项目投标文件""打扫厨房卫生"这样的句式，那么行动清单对你的作用依旧不会太大。我建议你使用 3W2H 将与行动项相关的信息都清晰地描述出来，以最大限度地指导实践。

所谓 3W2H，指的是"Who do What by When and How to How much"的简写方式，翻译过来就是"谁，在什么时段，用什么方式，做什么，到什么程度"。这种对行动项的描述方法可以用最简短的词语涵盖最丰富的信息，一旦形成书写习惯，就会大大提高任务清单的撰写速度。

例如，使用 3W2H 可以将"制作项目投标文件"写为"上午 9—11 点（when），与小刘一起（who & how）制作项目投标文件（what），完成项目简介部分（how much）"。

	紧急				不紧急		
	1				2		
序号	内容	完成	备注	序号	内容	完成	备注
1				1			
2				2			
3				3			
4				4			
5				5			
6				6			
7				7			
8				8			

（重要）

	紧急				不紧急		
	3				4		
序号	内容	完成	备注	序号	内容	完成	备注
1				1			
2				2			
3				3			
4				4			
5				5			
6				6			
7				7			
8				8			

（不重要）

图 5-8　不同灰度对应不同象限

又如，使用 3W2H 可以将"打扫厨房卫生"写为"晚上 8—9 点

（when），自己（who）从灶台开始（how）清理厨房（what），完成灶台、洗菜池和抽油烟机的清理工作（how much）。

使用这种句式撰写任务清单时，清晰明了的行动信息比含糊不清的任务描述更有行动指向性，有利于让人立刻行动起来。

三、呈现，用杂项清单确保时间能到哪儿

杂项清单，顾名思义，就是专门用来记录杂乱事项的，是任务清单的一个补充。

如果前面的内容我说得比较清晰，这时你可能有一点迷茫，会说："在介绍任务清单时，你明明讲过'任务清单上的行动项不要超过8个'，现在又冒出个杂项清单，那岂不会出现 8+N 个的情况？和前面的理论不相悖吗？"不相悖。

你可以认为杂项清单是一种保障。它仅仅在你专注于某项任务或行动项时被使用，它可以是一张白纸、便笺纸，甚至手纸，只要在杂项事物出现时能够记录下来即可。但是我不建议你使用手机的备忘录，因为很少有人能只拿起它几秒钟。

杂项清单的使用方法很简单：开始一个行动项时，在手边放一张白纸，无论临时接到什么要求或请求，在简要应答之后，立即记录在这张纸上，然后"坚决"不要管它。等到自己设置的时间模块结束后，再来处理它。

这里的时间模块是指，根据自己的行为习惯、任务大小、作息规律等制作的最小工作时间单位。

最被人熟知的时间模块模型叫作"番茄工作法"，它是意大利著名的时间管理大师弗朗西斯科·西里洛提出的时间管理工具。使用番茄工作法需要遵守的规则：一个番茄时间共 30 分钟，其中 25 分钟工作，

5分钟休息；一个番茄时间是不可分割的；每四个番茄时间后，停止工作，进行一次较长时间的休息，大约15~30分钟，如图5-9所示。

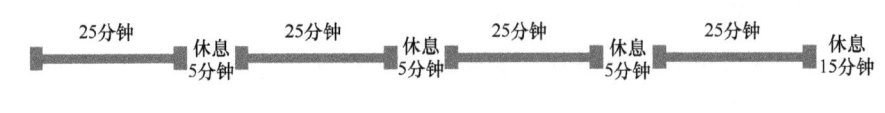

图5-9 番茄工作法

我个人日常使用的就是这种时间模块。它最大的好处是，既和我的专注时长匹配，又以半个小时为一个模块，计划和实施都比较方便。但是，这种时间模块并不一定适合所有人。例如，《为什么精英都是时间控》一书的作者，日本著名的精神科医生、时间管理大师桦泽紫苑则提出了所谓的"15·45·90法则"：人类注意力的持续时间可以分为15分钟、45分钟和90分钟三个时间单位，如图5-10所示。

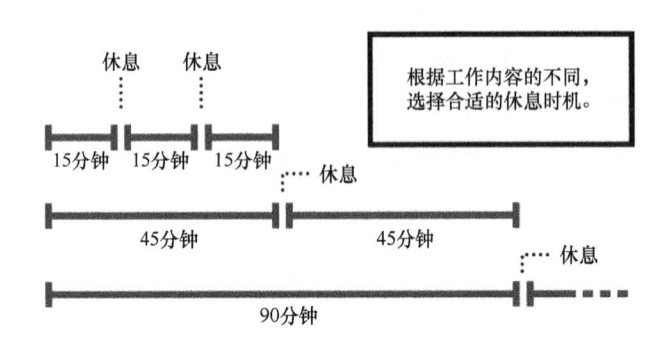

图5-10 15·45·90法则

基于此，我曾经尝试过15分钟、25分钟、40分钟、90分钟四种时间模块的设置方法，最终发现，25分钟的间隔比较适合我。

例如，在完成"制作项目投标文件"的任务时，我为它设置的时间模块是25分钟×2（25分钟一个模块，共两个，每次模块结束后休息5分钟）。如果在刚刚开始第一个或第二个时间模块时，有同事找我要另一个项目的关键资料,我确实会停下手里的工作并听他讲完,但我通常不会立即去翻箱倒柜或者从电脑里帮他拷贝,只是简要记录下来,告诉他25分钟后我会给他答复,之后立即投入刚刚被打断的事务中。

我在一个时间模块内不去理睬杂项清单的原因有两个:一是大多数任务或行动项是有连贯性的,或者有特定专注时间的,在这段时间内要尽量排除其他干扰,工作效率会比较高;二是很少有重要到连25分钟都等不了的事情。

这样一来,利用杂项清单既可以避免被杂乱事项打断专注时间,又可以向同事、家人或朋友传递一种理念:有事提前同步,彼此形成默契。

四、强化,管理"合作者时间",善用"时间折叠器"与"时间折叠术"

1. 管理"合作者时间"

前面提到,善用杂项清单可以向同事、家人或朋友传递一种时间管理理念。但仅仅如此还不够,我们还需要管理这些"合作者"的时间。

这些合作者与我们的人生产生交集的时刻或长或短,有些是必要的,有些则是非必要的。我们的任务是要,确保必要时间内的效率越高越好,而非必要时间越少越好。

这里有三个沟通习惯:共同计划、实时同步和及时反馈。根据合作者的不同,对这三个沟通习惯可以做一些方式上的调整。

首先,面对上级领导这个合作者,共同计划意味着我们要有意愿参与到部门目标、岗位目标的拆解和计划的制订中,只有在参与拆解目标、制订计划的过程中,我们才能把自己对时间管理的理解和习惯贯彻下去；实时同步意味着我们既要在计划开始前，主动询问领导是否有突发安排、计划变动，又要和领导一起固定计划、同步时间；及时反馈则意味着在计划实施后我们对结果向领导进行反馈和沟通，对下次任务的顺利执行积累经验。

其次，面对家人或朋友这个合作者时的主要做法和与上级领导差不多，可以借鉴与上级领导的沟通方式。

最后，面对下属这个合作者，在贯彻共同计划、实时同步与及时反馈时，需要注意"不要让下属背上的猴子窜上自己的背"，这里的猴子指代的是工作中的问题或任务。著名领导力专家肯·布兰佳在其《一分钟经理人：遇见猴子》一书中对这种现象做了生动的描述：下属占用管理者的时间，是猴子成功地从下属身上跳到管理者身上那一秒钟开始的，它不会轻易罢手，除非它回到原来的主人身上，得到照顾与喂食。下属的猴子之所以能够跳到自己的背上来，有两方面的原因：

（1）管理者认为下属的责任也是他的责任，于是伸手将猴子拽了过来。"这点事都做不好吗？好了，你不用管了，我来。"

（2）下属不具备解决这个问题的能力，如没有资源和权限等。

所以，要管理好下属的时间，管理者首先要做的是授权，而且是充分的授权，然后再参与到下属的计划中，与其实时同步，并及时反馈。

2. 善用"时间折叠器"

什么是"时间折叠器"？在我们的印象中，折叠主要是指一些事物的形状发生的特定变化，如叠衣服、叠被子等。这个概念在物理学上是这样的：

假如我们的空间是一张纸，那么这张纸上的点 A 想要到达点 B，最近的距离就是 A、B 两点之间的线段。如果这张纸沿着 AB 线段的中点对折，那么会发生什么？A、B 两点会重叠在一起，换句话说，A、B 两点之间的距离，即线段 AB 的长度，可以减小到几乎为零（见图 5-11）。

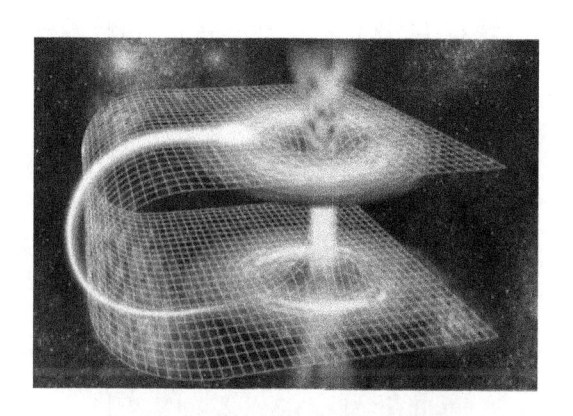

图 5-11　一张纸上 A、B 两点之间的距离几乎为零

这是空间维度的折叠，而时间维度的折叠和它很类似，只是 A、B 两点代表的不是空间点位，而是时间点位。例如，一个任务从开始到结束这个过程所持续的时间就是 AB 线段的长度。时间折叠的效果，就如同空间折叠的效果，A、B 两点的"时间差距"会随着折叠程度的加深而减小，也就意味着这个任务的持续时间在逐渐缩短，任务要在更短的时间从开始到结束，效率将得到极大的提升。

无论是空间折叠还是时间折叠，都只是理念中的东西，但我们可以借助这个理念理解很多事情。如果我们有一种工具，可以让 A、B 两点的"时间差距"缩短，是不是意味着，这个工具起到了类似"时间折叠"的效果？（即便它不一定能真的通过折叠时间达到这个效果。）

到这里，"能够缩短一项任务的持续时间，提高效率"的概念呼之欲出。

你想到了什么？工具！

结构化工作法 | STRUCTURED WORKING METHOD

1931 年，年轻的考古学家路易斯·利基在大英博物馆的赞助下踏上了非洲探险之旅。数年后，他在奥杜威峡谷（东非大裂谷的一部分）的岩层里找到了一块石头，这块石头被命名为"奥杜威石制砍砸器"（见图 5-12）。这就是"人类最早有意识制作的物品之一"。

图 5-12 奥杜威石制砍砸器

地质勘探证明，这件物品所在岩层约有 200 万年历史。

《大英博物馆世界简史》这样描述它：从图上看很难想象它是用来切肉的，因为它的边缘不是那么锋利，但是科学家用现代技术重新制作了一个一模一样的砍砸器，然后用它把一只鸡的骨头剔除，意外地发现这个工具非常好用。

从这块石头开始，我们的祖先逐渐掌握了制造时间"折叠器"的技术，不仅打制了石器、陶器、青铜器，还使用了火。这一切让人类在进行狩猎、采摘、烹饪等一系列任务时，都不同程度地折叠了大段时间，从而节省了时间。

孔子云："工欲善其事，必先利其器。"荀子在《劝学》中这样写

第五章 付诸行动有结果

道:"登高而招,臂非加长也,而见者远;顺风而呼,声非加疾也,而闻者彰。假舆马者,非利足也,而致千里;假舟楫者,非能水也,而绝江河。君子生非异也,善假于物也。"善于借助外力和工具,可以帮助我们更加快速地达成目标。

在本书中,从描述任务的 SMART 原则,到盘点资源的"资源盘点列表"、拆解目标的"金字塔结构图"、制订计划的拆解法、时间管理的三清单,都是有效折叠时间的工具。

在日常工作和生活中,我们已经被时间折叠器,也就是各种工具所包围。所以,在开始一项任务之前,一定要善于利用工具。例如,当开始落实减肥这一目标时,除兼具体脂测量功能的电子秤、跑步机、动感单车、智能手环等硬件设备外,一个好的运动 App、一个有氛围的运动社群,甚至一种不伤身的减肥药剂,都值得你去了解和运用;又如,当开始制作一份投标文件或商业计划书时,称手的办公软件、OA 系统、多终端协作办公软件、资料共享平台、高性能硬件设备等,都可以成为追求高效率人群的标配。

3. 兼修"时间折叠术"

"时间折叠术"可以被简单地理解为"一心多用",即在不影响任务质量、不增加总时长的前提下同时完成多个任务。听起来,它和前面讲过的统筹任务很类似,但它和统筹任务中的"任务并行"不完全相同。

任务并行所强调的"同时"不要求一定是执行人的动作,就像烧水时,执行人无须守候在水壶旁边,而是可以去干别的事情,如洗洗茶壶、茶杯等。一心多用则强调执行人同时启动多个动作,这些动作并行不悖,就像我们总喜欢在开车时听听音乐、小说,在运动健身时听书,在做面膜时追剧一样。

绝大多数人都需要掌握一到两种时间折叠术。除了前面讲的，我们还能想到哪些折叠了更多任务的生活场景呢？下面列举几种"一心多用"的方式，也许你能从中获得一些启发：

（1）在理查德钢琴曲和美味咖啡的陪伴下，整理书稿。这是"享受时间""创作时间"的折叠。

（2）和家人去海滩跑步，并将跑步视频发布在直播平台上，以获得收益。这是"亲子时间""运动时间""挣钱时间"的折叠。

（3）邀请朋友到著名餐厅探店，并将整个过程的视频发布在直播平台上，以获得收益。这是"交友时间""饕餮时间""挣钱时间"的折叠。

如果说时间折叠器可以缩短一项任务的时间，让效率变高，那么时间折叠术就是折叠任务，从而让效率变高。二者的关联在于：时间折叠术不依赖于时间折叠器，但用好工具可以让时间折叠术的作用大大提高，因为很多能被折叠的任务都是有美好的工具做支撑的。就像蓝牙耳机、平板电脑和录音笔就是我在折叠任务时使用最多的三种工具，它们分别给我提供了在执行某些非专注性任务时，便捷的音视频输入、人机交互和信息记录的作用。

这里我给了一个限定条件，即"非专注性任务"。相反，对于需要高专注度的任务，例如在解数学题、解物理题时或者在技术难点学习、深度问题分析时，则需要高度专注。

本节精要

绝大多数人都陷入过时间管理认知的误区，正确的态度则是每个人都需要正确的时间管理。你可以使用时间记录单培养自己对时间的敏感性，然后用任务清单培养自己对时间的掌控感，以及用杂项清单培养自己对最小模块时间的尊重，最后学会管理"合作者时间"。

第四节 管理精力用金字塔——解决"没精力干"

在前三节，我们认识了"黄金圈法则"，用5what法找到了目标的why，让我们面对任务时"想干"；学习了结构化提升自己的方法，让自己能够快速掌握完成任务的知识和技能，让我们面对任务时"会干"；掌握了管理时间的三清单法，并通过管理合作者时间、善用时间折叠器和折叠术，增强了我们管理时间的能力，让我们面对任务时"有时间干"了。接下来，让我们走进精力管理的世界，试着找到打开身体能量的开关，解决"没精力干"的问题。

请看以下几个场景：

（1）你为了今天的会议已经精心准备了好几天，但因为太过紧张，昨天晚上没有休息好。会议议程刚过半，你的精力已经耗尽，根本不足以让你跟上主持人的节奏，自己的发言也离预期效果差了十万八千里。

（2）善于时间管理的你总是把任务清单安排得井井有条，最近却发现清单尚未完成过半就开始力不从心，一到下午就开始焦躁不安。

（3）一推开门，早已等候多时的孩子瞬间把你扑倒，你心中暗想："出差好几天，今天一定要多陪陪孩子。"结果，晚饭刚过你就哈欠连天，一不小心在沙发上睡着了……

也许你不曾有过以上这些经历，但是否曾经有过"没精神总犯困""总能找到一些借口不去干某些事""失眠、多梦、入睡困难""进入工作、学习状态慢""记忆力下降""生活意义感不强，疲于奔命"等感觉呢？

用一句话总结就是，你是否在某一瞬间，不想动、总想躺平？

如果你有以上这些状态或类似感觉，则说明你在某些时刻是缺乏

163

精力的。

"精力"一词在《辞海》中的解释是"精神和体力"。百度百科显示，"精力"一词最早出自《汉书·匡衡传》，原文是这样说的："衡好学，家贫，庸作以供资用，尤精力过绝人。"匡衡喜欢读书，但白天需要劳作，夜晚因为家里贫穷点不起灯，只好凿开墙壁借助邻居家的灯光读书，后来成为西汉王朝的宰相。如果历史上的匡衡果真如此，一日劳作后还能"凿壁偷光"功成名就，确实"精力过人"。

精力在英文中对应的单词是 energy，意为能量、能源，我认为这个解释比"精神和体力"更合适。如果我们把人比作一台赛车，把时间管理比作精心设计的比赛线路，那么精力就是汽油：哪怕你能将路线设计得完美无缺且分秒必争，但是空空如也的油箱仍然决定了你无法动弹分毫，输在起点，或龟速前行，落后于人。

那么，我们的能量到底是什么呢？应该怎样让自己精力充沛呢？

2003 年，在美国首版即成为畅销书，曾荣登亚马逊网站及《华尔街日报》商业畅销书排行榜首位的《精力管理》一书开篇写道："精力就是做事情的能力，包括体能、情绪、思维、意志四个方面。"这四个方面逐层递进，彼此促进和影响：体能精力是一个人在身体层面的精力，是其他精力的基础，饮食、运动、睡眠和健康情况都会影响这个层次的精力水平；情绪精力是一个人在情感层面的精力，积极情绪如感恩、乐观和兴奋可以激发情绪精力，而消极情绪如沮丧、伤心可以消耗情绪精力；思维精力是一个人在脑力层面的精力，影响着我们的专注力和创造力，如果缺乏思维精力，我们在工作中就容易注意力涣散、思维固化、眼光狭隘，工作的成果自然会大打折扣；意志精力是一个人在精神层面的精力，是我们做事情时的动力来源，目标感、使命感等都是意志精力的重要来源。

第五章 付诸行动有结果

基于以上四种精力来源，我向大家介绍一个"精力管理金字塔模型"（见图 5-13），它直观地展示了个人精力的整体构成。下面我们将自下而上去探讨如何从体能精力到情绪精力，再到思维精力和意志精力的全方位提升。

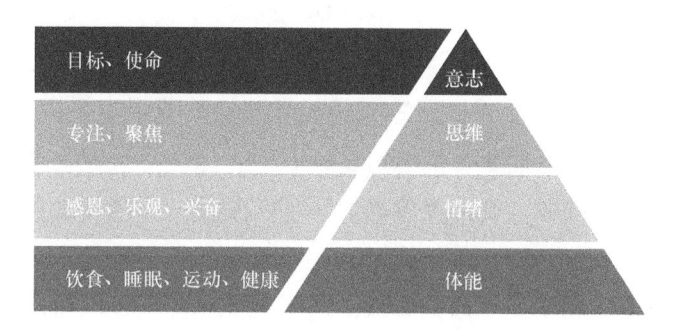

图 5-13 精力管理金字塔模型

一、用"体能矩阵"，增加体能基础

体能矩阵是由饮食、睡眠、运动和健康四个方面组成的综合管理体系。在这个体系中，做到合理饮食、充足睡眠、积极运动和保持健康四个方面，就可以给精力打下良好的基础（见图 5-14）。

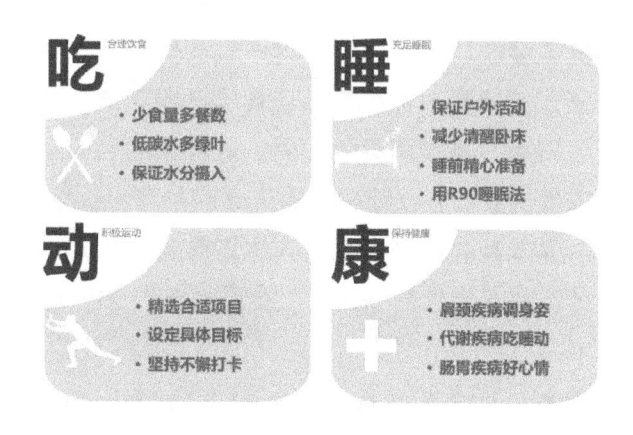

图 5-14 体能矩阵

165

1. 体能矩阵强调要合理饮食

吃，是人类攫取宇宙能量的根本手段。吃对了，体能的基础就有了。

能量守恒定律是自然界普遍的基本定律之一：能量既不会凭空产生，也不会凭空消失，它只会从一种形式转化为另一种形式，或者从一个物体转移到其他物体，而能量的总量保持不变。

根据能量守恒定律我们知道，人类的体能不是凭空产生的，它是来自外界的。人类和外界进行物质和能量交换的最根本手段，就是吃。

但是，不是所有能量都能从口中吸收的，除有毒有害物质坚决不能摄入外，高糖、高脂、高盐类食品，深加工食品，酒精和过多的糖类都会损害身体健康。人类从外界摄入的也不仅是单纯的能量本身，还包括维生素、矿物质和水等一系列物质。这些物质需要巧妙配合，才能被人体吸收、利用。所以，只有吃对了，体能的基础才能得到最大的保障。

什么才叫吃对了呢？理论上，每个人的体质不同，饮食搭配是不同的，但普通人根本无法做到如此精细。很多自我管理大师都有不同的推荐和偏好，世界上也存在多种多样的所谓健康饮食法。在这里我分享一个比较底层的饮食原则。在这个原则的基础上，每个人都可以根据自己的喜好和习惯进行自由的搭配与选择。这个原则要求我们在饮食方面至少做到三点：**少食量多餐数、低碳水多绿叶、保证水分摄入**。

（1）少食量多餐数。你可以试着将一日三餐变为四餐，但这并不是鼓励你额外摄入第四餐，而是在保证食物摄取不增多的前提下，将原本的三餐变为四餐，减少两餐的间隔。这样做的目的是尽量减小人体血液中血糖浓度的波动，从而减少白天瞌睡的情况。

（2）低碳水多绿叶。除了热量，人体还需要很多其他营养物质。衡量一个食物种类营养质量的标准可以参照营养质量指数（Nutritional Quality Index，NQI）。

NQI 是指食物里所含营养素占供给量的比，除以食物所含热量占供给量的比。食物中的某营养素含量（蛋白质、矿物质、纤维素、维生素）越高，热量含量越低，NQI 值就越高。用公式表示为：

NQI=营养密度/热能密度

式中，营养密度=某营养素含量/该营养素供给标准；热能密度=所产生的热能/热能的供给标准。

NQI=1，表示食物中该营养素与能量含量达到平衡；

NQI>1，说明食物中该营养素的供给量高于能量的供给量，故该食物的营养价值高；

NQI<1，说明食物中该营养素的供给量少于能量的供给量，长期食用此食物，可能发生该营养素的不足或能量过剩，故该食物的营养价值低。

美国耶鲁大学格里芬健康预防研究中心把食物中各种营养素含量的 NQI 做了一个加权，算出综合得分，并且按从 1 到 100 给它们排序，这就是综合营养质量指数。在这个评分体系中可以发现，碳水类食物处于得分的最低端，而新鲜的蔬菜和水果，尤其是深绿叶蔬菜的得分很高（见图 5-15）。

常见食物的综合营养质量指数评分(ONQI)

参考分值	食物类型	种类
100	深绿叶蔬菜	甘蓝 / 芥菜 / 莴苣（牛皮菜） / 西洋菜 / 菠菜 / 芝麻菜
95	其他绿叶蔬菜	长叶莴苣 / 白菜 / 卷心菜 / 球芽甘蓝 / 芦笋 / 西兰花
50	非绿叶蔬菜	甜菜 / 茄子 / 蘑菇 / 洋葱 / 小萝卜 / 豆芽 / 红色或黄色甜椒 / 花椰菜 / 番茄 / 胡萝卜
45	新鲜水果	草莓 / 蓝莓 / 李子 / 梅子 / 橘子 / 甜瓜 / 猕猴桃 / 苹果 / 樱桃 / 梨子 / 葡萄 / 香蕉
40	豆类	扁豆 / 菜豆（四季豆） / 白豆 / 赤豆 / 黑豆 / 花豆 / 豌豆 / 毛豆 / 鹰嘴豆
30	坚果类	瓜子 / 南瓜籽 / 芝麻 / 亚麻籽 / 杏仁 / 腰果 / 开心果 / 核桃 / 山核桃
25	含淀粉的蔬菜	南瓜 / 红薯 / 玉米 / 萝卜
20	全麦	老式的燕麦 / 大麦 / 糙米和野生稻 / 荞麦 / 小米 / 藜麦 / 全麦面包
18	鱼类	鳕鱼 / 鲑鱼 / 海鱼
15	脱脂奶	脱脂牛奶
15	蛋类	鸡蛋 / 鸭蛋 / 鹅蛋
11	全脂奶	全脂牛奶
6	红肉（哺乳动物的肉）	猪肉 / 牛肉 / 羊肉 / 兔肉等
6	精制谷物	精制大米 / 精制小麦粉 / 糯米
3	奶酪	芝士蛋糕、披萨、乳酪类甜品
1	精制油	葵花籽油精制 / 大豆油精制 / 玉米油精制 / 花生油精制
0	含糖食品	曲奇饼 / 蛋糕 / 糖果 / 苏打类的点心

图表来源：耶鲁大学格里芬健康预防研究中心

注：ONQI（Overall Nutritional Quality Index）是耶鲁大学研究人员为了帮助消费者理解食物的NQI值，将食物的各种营养成分NQI值综合之后得到的相对比值。

图 5-15　综合营养质量指数评分表

低碳水并非不吃碳水,而是要在食物比例上稍加倾斜。

(3)保证水分摄入。水本身几乎不为我们的身体提供能量,但水是"生命之源",人身体的70%以上、大脑的80%以上是水,人体的各种消化、代谢等活动都需要水的参与才能发生。但是在现在社会,随着人们生活节奏的加快,经常性的开会、加班等活动让很多人都没有正确地补充水分。正确的做法是养成定式补水的习惯,例如,在起床后、饭后、体力劳作后、工作一定时间后(通常半小时为一个模块),都要及时补充水分。

2. 体能矩阵强调要充足睡眠

不睡觉,并保持清醒头脑的官方纪录是264小时(11天),这是由17岁的学生兰迪·加德纳在1964年创下的。在目前所知的其他研究中,在实验室监控设备的密切监视下,能够不睡觉并保持清醒的时间大致是8~10天。

通过实验发现,原本参与实验的这些人没有身体疾病,精神和生理上都没有问题。但是随着睡意的不断增加,并得不到足够的休息,他们都表现出注意力下降、动作迟缓和知觉减退等症状,无意识昏睡倾向变得更加频繁,导致认知功能急速下降。这意味着,虽然原则上我们确实可以连续几天都保持清醒,但是最终都将以认知功能出现障碍这种状况结束。

科学研究表明,长期的睡眠不足,会导致精神衰弱、免疫力降低、胃溃疡、消化系统和内分泌系统疾病,成年人应该保持每天不低于7小时的睡眠,14岁以下青少年的睡眠时间不应该少于8小时。

究竟如何才能保证充足且高质量的睡眠,早已成为我们不得不面对的问题。

数据显示,我国超3亿人存在睡眠障碍:在2013年的睡眠指数报

第五章 付诸行动有结果

告中,中国人均睡眠时间长度为 8.8 小时;进入 2020 年,国民平均睡眠时长仅为 6.92 小时,相比 2013 年减少了 1.58 小时;入睡时间通常在凌晨左右,相比 2013 年晚睡了 2 小时;同时,拥有深度睡眠的比例不到 1/3。

这个数据到了 2021 年则是:中国 18 岁及以下的网民平均每天睡眠时间为 6.5 小时,19~25 岁的网民平均每天睡眠时间为 7.01 小时,26~30 岁的网民平均每天睡眠时间为 6.72 小时,31~40 岁的网民平均睡眠时间为 6.69 小时,41~50 岁或 51 岁及以上的人平均睡眠时间分别为 6.46 小时和 6.38 小时。

相比"成年人应该保持每天不低于 7 小时的睡眠,14 岁以下青少年的睡眠时间不应该少于 8 小时"的建议时间,我们可以简单测算一下,自己的睡眠时间是否有保证。

有的人可能会说:"我不是不想睡,而是睡不着!"《2017 年度健康国民健康调查》的数据显示,2010—2017 年间,18~29 岁的中国年轻人存在睡眠问题的人群比例从 42%增长到 59%,74 岁以上的受访者中占比则为 53%。对比之下不难发现,今天年轻人的睡眠问题更甚于老年群体。纪录片《追眠记》就曾非常形象地描述过失眠人群的痛苦来源,如学习压力太大、工作任务过多、经常深夜加班、心情抑郁,最终导致对环境过于敏感、抗干扰能力差、难以入睡或容易被吵醒。中国失眠现状如图 5-16 所示。

怎么办?

在压力方面,我可能没办法帮大家减轻,但向大家分享几种有助于减少失眠的基本方法。这些方法在我身上有非常神奇的效果,它们是保证户外活动时间、减少清醒卧床时间、睡前精心准备、用 R90 睡眠法。

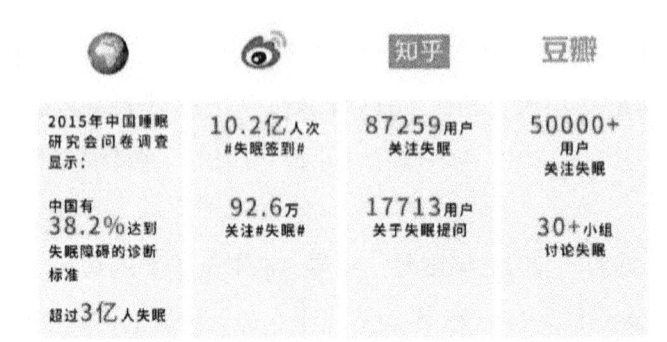

图 5-16 中国失眠现状

1）无论多么忙碌，也要保证户外活动时间

充足的户外活动时间，一方面能够保证机体的运动量，让我们更不容易疲劳；另一方面，科学研究表明，阳光可以透过我们的眼睛作用于视觉神经，光信号经过视觉神经传导至大脑中的松果体，分泌有助于睡眠的褪黑素。

2）要给自己订立一个规矩：床，只用来睡觉，即减少清醒卧床时间

这是什么意思呢？就是刻意为自己和床之间建立一种条件反射关系，让自己一躺到床上，除了睡觉不想干别的事情，这样一来人就更容易入睡，睡得也更踏实。具体做法是，牢记一个原则，那就是不困不上床，不困就下床。首先，像躺着看电视、看pad、看手机，尽量不要做；然后，如果躺下之后十几分钟还没有睡意，就立刻起床去干别的事情，等有了困意再回来；最后，早上醒来，立即起床，不赖床。

3）睡前精心准备，调整好环境、心情与身体状态

对调整睡眠环境这一点，我们也都有相应的经验。

（1）卧室要尽量黑暗。不仅需要屏蔽自有光源，如手机、台灯等，如果室外光线比较亮，也建议更换黑色厚重的窗帘。

第五章　付诸行动有结果

（2）卧室温度要适中。有一个医学名词叫作"人体核心温度"，是指人体胸腔、腹腔和中枢神经的温度，也就是身体内部的温度。科学研究表明，人体核心温度的小幅降低，会明显触发人类的睡眠"开关"，例如睡前洗温水澡、泡脚等，都是通过加速身体血液循环，让身体散热，从而使核心温度降低有助于睡眠的好方法。更简单的方法是适当调低卧室温度。

（3）卧室要尽可能安静。尽可能安静的卧室可以减少入眠行为被打扰，这很容易理解。但有些人的房间可能处于马路旁边、铁路或机场旁边，又或者有一些别的噪声源，如身边的呼噜声等，这时候该怎么办呢？你可以试试白噪声。白噪声就是一些雨声、海浪声、风吹树叶的声响，这些声音在几百万年的时间里伴随着人类的祖先，所以我们的基因中也对这些声音感到格外亲切，就像很多人都会在下雨天的早晨睡得格外香一样。现在很多手机商店都有白噪声程序，你可以在睡不着或者有环境杂音时试试，一定会有意想不到的效果。

（4）调整心情与身体状态则需要注意避免睡前兴奋、饮食和酒精摄入。

① 避免睡前兴奋。兴奋感会抑制褪黑素的分泌，造成入睡困难。除了后续我会讲到的情绪、压力导致的失眠，我们还要避免在睡前让大脑进入兴奋状态。例如，少看动作、恐怖类影视和图书，不听情绪激昂的音乐等。

② 避免睡前饮食。虽然人在睡觉的时候消化系统依旧在工作，但过多的消化任务也会让身体得不到彻底的休息。而睡前水分的摄入会增加夜间排尿次数，打断深度睡眠和整体睡眠节奏。

③ 避免酒精摄入。很多人都有饮酒"助眠"的习惯，其实这是一个很大的误区。酒精属于镇静剂。加州大学伯克利分校神经科学与心

理学教授马修·沃克尔说，酒精只能把大脑"击昏"，但无法让你进入真正的睡眠状态。2001年由美国韦恩州立大学开展的一项研究指出，饮酒之后，处于深度睡眠的时间会缩短。所以，酒后虽然容易"入睡"，但更多时候，无论你睡了多久，第二天都会疲乏无比。

4）用R90睡眠法，找到最适合自己的睡眠密码

前面我一直在强调保证足够的睡眠时间，是良好的睡眠习惯，但是不同的人可能对睡眠的需求是不同的。有的人每天睡10小时，还觉得困，有的人睡6小时，也能精神一整天。所以"充足睡眠"的定义，对于不同的人，也是不同的，我们需要找到自己的睡眠密码。

英国作家尼克·利特尔黑尔斯，在他的《睡眠革命：如何让你的睡眠更高效》一书中推荐了R90睡眠法。关于R90的细节，我不再一一介绍，这里分享最关键的四步：

（1）设定一个固定的起床时间。它最好比你必须上班、必须上学的时间提前90分钟以上。

（2）推算理想入睡时间。一个完整的睡眠周期至少90分钟，人类平均需要五个周期，大概是7个半小时。例如，你的固定起床时间是早晨6点半，往前推7个半小时，就是11点，试睡几天之后，如果你能按时入睡，记录下第二天的起始时间和精神面貌，就可以对起床时间进行掌握。例如，你早晨5点就醒了，一天也很精神，就可以少睡一个周期，反之一样。

（3）睡前不要进食，不要大量喝水，排净尿液，远离手机，让卧室变暗；醒来后，立即拉开窗帘或调亮灯光，补充水分和营养。

（4）如果有可能，午后小睡约30分钟。

我经常把这个睡眠法分享给自己的家人和朋友。我相信，只要坚持每天施行，你的睡眠质量将在一周内获得跨越式改善。

3. 体能矩阵强调要积极运动

运动的好处人尽皆知：改善新陈代谢，促进骨骼生长，提高骨密度，强健肌肉，提高心肺功能，强化神经系统……这些好处都能指向同一个结果，那就是强健的体魄。

根据美国国家卫生研究院的调查，美国人人均每天要坐超过 9 小时，甚至比睡觉的时间还要长。长时间加班的人，静坐的时间甚至超过了 14 小时。他们发现，如果长期静坐的话，死亡的风险比常人要上升 50%。世界卫生组织估计，缺乏运动所导致的死亡，甚至超过了吸烟。

这个调查结果可以说是非常可怕了。即便如此，很多人仍然会无奈地摇摇头，认为自己的工作实在太忙，根本抽不出时间去运动。你可能陷入了一个"有效运动"误区，实际上你可能并不需要每天都拿出大块的时间泡在健身房就能做到积极运动的最低指标的要求了。

欧洲做过一个超过 63000 人的超大型调查。调查发现，人们不用每天都做运动。如果每周累积能做 150 分钟的中等强度运动，就很好了。世界卫生组织针对18～65岁的成年人给出的建议也是，每周至少150 分钟的中等强度的有氧运动。而这 150 分钟的运动是一天做、两天做还是每天做，效果差别并不大。这就意味着，一周七天，每天保证 20 分钟的中等强度运动即可。

这里说的中等强度有一个非常简单的衡量指标，就是在运动时，保持最大心率（220减去年龄）的 60%～70%即可。例如，对我而言，中等强度运动需要让我保持，大约每分钟心跳 119 次［(220−38)×65%］。这个心率非常容易达到，不是很快速的跳绳就绰绰有余了。

如果以上这些运动的好处、运动的时长与强度知识都已经了解，却仍然没有积极运动的话，可能又是"爱拖延"这个习惯在作祟了。

173

不过，现在的你已经不是往日的你了，因为本书的内容你已经快读完了，知晓了如何动员自己、如何提升技能、如何管理时间，爱拖延的毛病至少已经去了大半。所以，我建议你和我一起做好以下工作，给自己的运动做一个长期规划。

1）挑选合适的运动项目

我们在日常生活中可以接触到的运动项目有很多，如跑步、快走、骑行、跳绳、动感单车等数不胜数。因为每个人的身体状况不尽相同、运动偏好也不一样，所以大家可以根据自身情况进行运动项目的选择。

选择的原则有三个：一是自己要喜欢，只有在运动的时候享受运动，才能更容易坚持；二是方便施行，需要长途跋涉、耗时耗力才能开始的运动，一定不是首选；三是能满足中等训练强度要求，也就是要让自己的心跳速度大于最大心率（220减去年龄）的60%～70%，并维持20分钟以上。

我个人比较推荐的运动方式有5千米匀速跑、跳绳、HIIT（High-intensity Interval Training，高强度间歇性训练）。

如果你认为常规的运动项目都没什么意思，我这里倒有一个新鲜且刺激的运动项目，也许适合你，它就是来自美国国家航空航天局（NASA）推荐的最佳室内运动——蹦床。

太空的无重力环境、睡眠不规律、饮食单一、消化系统工作环境异常等各方面原因，导致NASA的宇航员执行任务回来以后，不仅容易肌肉萎缩，体能下降，情绪和认知能力也会下降，精力降低。

为了解决这一问题，NASA找了一些相关领域的顶级科学家去研究，什么样的运动最能帮助宇航员迅速恢复精力。研究了一圈，分别用各种仪器记录和对比了包括跑步、游泳、滑雪等不同运动项目对人体的好处，结果蹦床运动的各项表现都处于领先水平：运动效率高、

第五章　付诸行动有结果

减轻关节压力、促进内啡肽的生成。

（1）蹦床的运动效率特别高。资料显示，10分钟的蹦床运动相当于30分钟左右慢跑的消耗量，因为跳蹦床的时候，由于蹦床的不稳定特点，在训练时会调动人体所有的核心肌群，且使用超过400块肌肉。更重要的是，蹦床的减速、回弹过程，会让全身的细胞同时遭受到3.5~4个g的加速度，所以有人也把蹦床叫作"细胞运动器"。

（2）蹦床看似非常激烈，却能减轻关节压力。蹦床运动全部在高弹性界面进行，减少了直接接触地面的冲击力，所以蹦床运动可以减轻对骨关节产生的压力。

（3）失重情况下大脑会分泌更多内啡肽。

你能想到的所有刺激性的项目都有什么？跳伞、蹦极、过山车等项目有什么共同特点吗？这些项目都有一个或长或短的失重过程。在人类进化的历程中，失重被大脑定义为一种危险状态，会在短时间内刺激脑垂体迅速分泌内啡肽，这种类似于吗啡（一种麻醉剂）的激素，会让人觉得特别兴奋和愉悦。

2）制订具体的运动计划

本书开篇就曾经强调过目标和计划的**重要性**。告诉自己"明天跳一次绳"的效果，远远不如"明天上午10点，用标准速度跳绳1000个，200个一组共五组，组间休息30秒钟"的效果好，就是这么简单。

运动计划制订的过程可以参考以下**经验**：

（1）从最简单开始。刚制订运动计划，**不要奢求能够像运动达人一样，一动就是两小时、一跑就是好几千米**，这样会吓退自己。设置最简单易行的启动模式，例如，让自己**完成跳绳100个或深蹲30个的任务**，就是一个培养运动习惯的好的开端。

（2）给自己设置反馈机制。这里的**正负反馈**并不是很多人理解的奖惩方式，如运动后给自己来份甜点等，而是指简明的结果反馈。例如，在运动时会佩戴 iWatch，它会实时测量、监控心跳速度，这就是一种反馈，它能促进我们在运动时提醒自己保持运动强度；再如，将运动计划列入自己的任务清单中，如果没有完成，就要在它的后面打一个大大的红色叉号，这也是一种反馈方式，它能给予视觉和心理上的双重信号，激发下次一定要完成它的冲动。

（3）辅以运动打卡模式。关于运动打卡模式究竟有没有用，很多人秉持不同的意见，这里不做重点推荐，但你可以进行一些尝试。例如，我们团队就有自己的运动打卡群，名为"一起帅帅哒、美美哒"，每个入群的人都要公布自己的训练计划，并严格实施和打卡，效果还不错。

4. 体能矩阵强调要保持健康

前面已经分享了如何从体能矩阵中前三个方面（合理饮食、充足睡眠和积极运动）提升体能基础的原则与方法，下面一起来看我们应该如何对待疾病，这一精力的超级"杀手"。

每个人都曾经生过病，但每个人在不同阶段对待疾病的态度都是截然不同的。

例如，儿时的我们遇到感冒发烧这种小病时，不但不觉得煎熬，反而有一点欣喜。因为那一天或者那几天可以不用去上学，可以待在家里看电视。但现在哪有这种"闲情逸致"？感冒的来临虽然不至于打乱整个工作节奏，但是发热引起的烦人的头痛、鼻塞造成的呼吸不畅、不住的咳嗽和用药后的瞌睡，无时无刻不在消磨着我们的精力，行动推后、计划拖延变得在所难免，整个人都会陷入身体的不适和精神的焦虑双重痛楚之中。"快点好"是每个陷入病痛之人的共同心声。

本书无法提供针对每种疾病的特效药，帮你快速赶走病痛，但可

第五章 付诸行动有结果

以从如何正确认识疾病、如何预防和缓解常见疾病两个角度，分享一些医务学者和精力管理大师的建议。

第一，我们要明确，人类的疾病不可避免，只能和健康共存

疾病和健康一样，是人类身体的"常态"，二者不是相互排斥、界限明确的，而是彼此共存。

广义上的疾病其实从人类一出生就已经形成了，只不过因为程度微弱，不被人体察觉罢了。例如，人类从出生的那一刻开始（更确切的说法可能要追溯到胎儿时期），全身的血管就已经开始"老化"，血管内壁开始了不可逆的损伤，这个过程的累积会最终让血管内壁弹性丧失、出现斑块和附着物，最终导致血管堵塞，从而让身体产生不良反应，甚至直接导致人类死亡。又如，很多遗传病、慢性病是写在人类基因中的，在人类受精卵形成的那一刻就已经存在……所以，无论多么健康的人，都同时处在健康和疾病的双重状态下。

第二，面对疾病的正确态度是不焦虑、不忽视

生病对每个人都是一次对自己生命态度的检测，有的人"太过在意"，有的人"太过大意"。

太过在意的人在得知自己生病后，会紧张、担心甚至恐惧。小病还好，如果是大病，可能感觉天都要塌下来了，惶惶不可终日，每天都在担忧，吃不下、睡不着，失去了对生活的信心，放弃了原本设定的各种工作计划、生活目标。

太过大意的人则对疾病不以为然，仿佛疾病并未发生在自己身上，对待检查和治疗也不上心。虽然这种态度可以让他的心情不太受疾病的影响，但过度忽视的后果往往也不太乐观。

正确面对疾病的态度则是既不过分焦虑，也不漠视，冷静地了解

结构化工作法 STRUCTURED WORKING METHOD

和自己疾病相关的知识，知道疾病的成因和治疗方法，调整生活方式，定期复诊检查，把认真对待疾病的各项工作加入短期生活计划中。

当我们认识到疾病不可避免，面对疾病可以不那么焦虑或漠视后，一起来学习预防常见病症、缓解常见病症对个人生活影响的方法。

（1）调整身姿，预防和缓解颈椎、腰椎病。

办公环境下的长期久坐、伏案，势必会引起颈椎病、腰椎病。这种损伤主要是因为颈肩背腰部的肌肉长期处在紧张状态，久而久之就会出现疲劳。毕竟，人类花费了几百万年从四肢行走进化到直立行走，整个体态是为了站立和行走"设计"的。而现代的人突然不走了，不仅停了下来，还坐了下来，而且往往一坐就是几小时。坐姿和行走姿势的不同，让整个身体的肌肉都出现了不同程度的拉伸和扭曲，肌肉开始变得僵硬。时间一长，肌肉的变形力量传导到人的骨骼上，颈椎、腰椎开始出现僵直和变形，疾病也就接踵而来。身体的疼痛就会时不时地侵扰我们，身体经常感觉不舒服，感觉疼痛，让我们很难集中精力去完成手中的工作，让精力白白流失。

所以从疾病成因来看，想要预防或缓解颈椎、腰椎的不适，首先最关键的是，要让坐姿接近站姿，或者采用站立办公方法，以减少背部肌肉的不自然拉伸；然后，增加颈椎、腰椎关节和周围肌肉活动量为目的的运动，做一些加强颈椎、腰椎关节灵活度的训练，如头部的米字操、腰部的体侧运动等，这些都是可以在办公室完成的简单项目。

（2）调整饮食、睡眠和运动习惯，预防和缓解代谢疾病。

代谢活动是人体基本的生命活动，是维持机体功能的基础。但是随着人们生活环境及生活习惯的变化，代谢性疾病的发病率越来越高。最典型的常见代谢性疾病征兆有"四高"：高血脂、高血糖、高血压、高尿酸，它们都是由体内代谢活动紊乱造成的。医学研究显示，个人代谢功能紊乱除了降低体能水平，还会明显影响大脑供血、供氧量，让脑力和精力显著下降，也会导致罹患心脏病、糖尿病、痛风等各种疾病的风险增加。

人体的代谢活动受到各方面因素的影响，包括环境因素、饮食因素、作息因素等。长期处于不良生活习惯状态的人，很容易出现代谢问题。所以，想要预防和缓解代谢类疾病，也要从这几方面入手。而在前面的内容中，我们已经从合理饮食、充足睡眠和积极运动三个方面给过不同的建议，大家可以直接参考，这里不再赘述。

（3）调整心情，预防和缓解肠胃疾病。

我们或多或少都有过这样的经历：一紧张焦虑就胃疼或腹泻，一生气就容易胃疼，经常生气还会口臭，悲伤忧虑容易导致消化不良，压力过大则没有胃口……"气得我胃疼""被你气饱了"等语言经常会挂在一些人的嘴边。虽然这只是个人主观感受的一种形象化表达，但科学研究表明，人类的肠胃还真的和大脑神经系统有着紧密联系，甚至在医学上就有把消化道称为"第二大脑"的说法。现代医学通过临床数据也发现，消化系统疾病患者七成有情绪问题，例如，压力大、情绪不稳定且持续过久，罹患消化道溃疡的概率会呈现明显升高的态势。

所以，预防和缓解肠胃疾病，除了做到前面讲过的合理饮食这一最直接方法，还有一点就是要消除负面情绪，而这一点正是接下来要分享的重点。

二、用三原则、三方法，消解负面情绪，激发正面情绪

在分享完用体能矩阵管理自己的体能从而为充沛的精力打好基础后，我们一起来看如何激发正面情绪，缓解恐惧、焦虑等负面情绪。

人们在任何工作中，包括本书介绍的目标的拆解、资源的盘点、计划的制订和行动的过程等环节，都可能产生负面情绪。过高的目标值、资源的缺失、模糊的计划都会让人产生不同程度的焦虑，从而提不起精神去面对它们，产生拖延和放弃的想法。

在日常生活中，没有人是处理亲情、友情和爱情问题的全能高手，在与家人互动、与朋友交流时，也必然会产生负面情绪。家人间的摩擦、朋友间的误解，都会让恐惧、沮丧、愤怒、失落和嫉妒等情绪汹涌而来，从而会让你郁郁寡欢，提不起精神，什么事都干不了。

每个人都希望负面情绪远离自己，但是，这不可能。无论是正面情绪还是负面情绪，都是人类大脑对外界刺激和内心反馈的结果，是一个自然和自发的过程，绝不存在一个人只有正面情绪而没有负面情绪。

我们需要肯定的是，积极愉悦的情绪，如开心、幸福、自豪、安心等会让一个人感觉良好，从而精力饱满；而由威胁、缺乏而滋生的负面情绪，如恐惧、焦虑、沮丧、愤怒、失落和悲伤等会损害精力。

那么，如何消解负面情绪、激发正面情绪呢？这里我分享情绪管理的三原则和三方法：正确对待负面情绪的三个原则和保持积极、排遣消极的三个方法。

1. 正确对待负面情绪的三个原则：负面情绪不可避免、必然消解、有积极的一面

（1）负面情绪不可避免。

我们需要认清情绪的第一条原则，我们无法避免负面情绪的产生，只能尽量激发正面情绪和缓解负面情绪，从而减少负面情绪的比例和强度。

第五章　付诸行动有结果

从进化角度看，人类之所以保留了负面情绪这一"能力"，是基于生存这个本能的。面对危险时（危险可能来自其他物种、群体内，也可能是天灾人祸），在负面情绪爆发的机制下，大脑会发出警报，让本来毫无准备的人有所洞察，动员身体逃跑或采取其他行动警告别人。

例如，现代人普遍面对的典型负面情绪之一是焦虑，而焦虑的底色是恐惧。恐惧则是人类在进化过程中所具备的一种能力，是一种面对威胁时机体做出的及时反应。例如，遇到狮子、蛇，或者第一次坐飞机、上台演讲时，因为内心对这些事物或事件充满了恐惧，身体自然会有反应，如出汗、发抖、呆滞等。这一反应会在几秒之内就出现在身体上，很多时候比我们的思维还要快。所以，负面情绪根本不可避免。

在我们通过逃跑、战斗或应对战胜了狮子、飞机安全落地、演讲顺利结束后，焦虑情绪也就烟消云散，随之瓦解。

（2）负面情绪必然消解。

很少有人会记得去年的今天是什么情绪，开心还是悲伤；很少有人在兴高采烈的时候，会想起以前某一时间的低落。你要相信，情绪永远是短暂的，不仅时间可以消磨它，你的主动选择也可以决定它的走向。

（3）负面情绪有积极的一面。

那么，焦虑的积极一面是什么呢？

首先，焦虑本身就是一种提醒，告诉我们即将开始的事情对我们有重要意义。然后，德国哲学家海德格尔还认为焦虑具有更加重要的意义。

> 海德格尔认为焦虑非常重要。就像为了生存，在出现危险时我们需要感到恐惧一样，为了在这个世界上生存，我们

也需要焦虑。为什么？每天我们在由事物、人、行为和环境构成的网络中小心地穿行。我们早上起床，送孩子去学校，上班，和同事、朋友交往，去健身房或酒吧，为假期做计划，给家里添置新家具，买新CD、新款手机，玩iPad……这些事情占据了我们所有的时间和精力。海德格尔将这种占据称为"陷落"。简单来说就是，我们沉迷于日常事务中，忽视或停止了寻找生命真正的意义。当被卡在这种陷落的惯性中时，我们会脱离自我。我们远离了有意义的生活，因为这样做更容易。我们抑制焦虑，但是"焦虑就在那里，它只是在沉睡"。

当焦虑醒来时，我们与世界密切的共生关系就会消失。在焦虑中，上述那些事物、环境和人都会变得没有意义，消失不见。一切都会下沉，直到无影无踪。之前与世界的联系和对它的解释都会受到质疑。为了表达焦虑令人不安的感觉，海德格尔使用了"unheimlich"这个词，它的意思是无家可归。

焦虑发作时，我们被迫更多地感知自我。这样做的时候，我们会重新思考我们过去非常看重并参与其中的一些事情的重要性。我们质疑自己。焦虑剥去了多余的装饰，揭示了世界和我们状况的本真。

焦虑还与未来有关。海德格尔坚持认为我们是存在于时间中的人类。我们不会为已经发生的事情焦虑，也不会为即将发生的事情焦虑，只会为可能发生的事情焦虑。当想到人生中可能抓得住又可能抓不住的无数机会时，焦虑常常会悄然而至。焦虑的根源在于意识到我们有选择想成为谁和想如何生活的自由。对海德格尔来说，选择伴随着巨大的困难，因为从本质上讲它关系到能让我们活得更真实的生活类型。

第五章 付诸行动有结果

它不只是关于选择什么工作、买哪栋房子或和谁一起生活，它还关系到能够使我们发挥出生命最大潜能的工作、房子和人，我们依赖选择获得幸福。并不存在固定的选择方法，关键在于了解什么对我们最好。我们选择某事物是因为它对我们的意义，而不是因为它符合社会规范或其他人的价值观。

——摘自乔瓦尼·弗契多的《情绪是什么》

总之，焦虑是让不确定变成确定的机会。如果你理解它的暗示，它就会帮助你认识什么才是对你真正重要的。焦虑如此，悲伤、低落等情绪也有释放压力等积极作用。例如，恐惧让人逃离危险，愤怒提醒自己受到了侵犯，伤心提醒自己有所失去，厌恶让人远离有害事物，等等。

虽然每一种负面情绪都不可避免，随着时间的推移大多会自然消散，而且几乎所有负面情绪都有积极的一面，但是我们仍然要注意：长时间、高强度的负面情绪依旧是弊大于利的。所以，在正确认识负面情绪之后，我们还要学习让自己保持积极情绪、排遣消极情绪的几种方法。

2. 保持积极情绪、排遣消极情绪的三个方法：呼吸练习、积极表达、积极运动

1）呼吸练习

是不是每个人都有过这样的经历：当面临恐惧、紧张或焦虑时，我们常常会在心里对自己说"深呼吸，别紧张，放轻松"，在深呼吸几次后，好像真的不那么紧张了？

科学研究表明，深呼吸可以缓解负面情绪的作用机理：

（1）深呼吸可以增加氧气摄入量。当被负面情绪笼罩时，人体机能往往处于波动状态，很容易造成缺氧症状，深呼吸可以大大提高氧气摄入量，让大脑变得清醒，从而缓解紧张情绪。

（2）深呼吸可以激活副交感神经，迅速缓解紧张情绪。人类的自主神经系统包含交感神经和副交感神经两个部分，这两个部分总是处于相互排斥状态，交感神经系统就像汽车的加速器，副交感神经系统则像刹车。当交感神经系统被激活时，人体会快速消耗能量，同时通过释放肾上腺素和去甲肾上腺素等一系列压力激素，在减少消化系统活动的同时，使呼吸与心率加快，促使肝脏释放葡萄糖，使身体做好运动准备（应对压力的"战"或"逃"反应），这就是人们经常感受到的压力紧张状态，时间长了，就会觉得疲劳；而当副交感神经系统被激活时，人体可以释放乙酰胆碱，降低心率、呼吸频率、肌肉紧张度以及其他功能，从而降低机体的新陈代谢活动，恢复体内平衡，让机体放松下来。

2）积极表达

在表达的过程中，我们既能全面认知情绪，也能舒缓情绪。

"说出来会好受一些。"我们常用这句话来安慰陷入负面情绪的人，本书则建议大家在觉察到自己即将陷入或已经陷入某种负面情绪的时候，也能"说出来"。这里的"说"既包含口头的说，也包含书面的说（写下来）。

（1）积极表达可以让思维和情绪外显，从而更好地认知情绪。

思维和情绪都发生在被人类颅骨紧密包裹的大脑中，不仅他人不可知，自己往往也不知道陷入了哪一种情绪中。而在表达的过程中，我们会梳理思绪，会不断地问自己"我现在的情绪是什么"，会有逻辑地自我分析："我现在觉得……因为我之前……"

（2）积极表达可以避免伤害他人，从而和他人的关系更加紧密。

在职场中，我们经常因为带着情绪上班而对同事爱答不理、消极相应、冷眼相对，在生活中与家人冷战、争吵，与朋友闹翻，许多人由此孤独感渐生，这大多是因为没有积极表达。很多人因为害怕自己的情绪不被认同、害怕暴露自己的情感弱点、害怕被人认为不够坚强，从而不愿意表达自己的后果就是，越不表达越不会表达，最终几乎失去了表达情绪的能力。在畅销书《示人以真》的作者帕特里克·兰西奥尼则认为：展露弱点是人类最容易被低估和误解的品质之一。如果不愿意展露弱点，人们就难以与他人建立深厚而持久的人际关系。因为要想赢得对方的信任，最好的方式莫过于将自己的弱点毫无保留地暴露出来，并且相信能得到对方的理解和支持。

（3）积极表达也需要长久的刻意练习。

表达是一项不太容易掌握的技能，但值得我们去努力。我们可以尝试从较为简单的情绪表达开始练习。例如，找到一位好朋友，告诉他："我今天感到___（情绪词汇），因为今天发生了___（事件/情境）。"最开始，你可能感到很别扭，因为你不习惯这样表达情绪。如果刚开始时感觉难以启齿，那么可以先对着镜子说，或者从写日记开始。

3）积极运动

为什么积极运动还能帮助我们缓解消极倾诉呢？科学家一直都在研究，运动是如何做到这一点的，最终总结了我们三个理由：运动能够促进脑源性神经营养因子的释放、运动能够改变大脑的血管网络、运动能够引起体内的神经递质增多。

（1）运动能够促进脑源性神经营养因子的释放。

美国加州大学洛杉矶分校生理学教授费尔南多（Fernando Gomez-Pinilla）表示，"运动对大脑和身体的所有功能几乎都有好处"。每次锻炼的时候，肌肉、脂肪细胞和肝脏都会释放一些生物分子到血液里，其中最关键的一个变化，就是运动会促进脑源性神经营养因子（BDNF）的释放。包括 BDNF 在内的一系列生物分子经过体内循环到达头部，再进入大脑，然后引起一系列有益的生理变化，会让我们感觉更敏锐、更快乐。

（2）运动能够改变大脑的血管网络。

在运动状态时，为了给身体各处肌肉带去氧气和能量，身体里的血流量会增多，与此同时，大脑的血流量也会随增多，这就会导致血管内皮生长因子（VEGF）的含量增加（其中的生物学原理较为复杂，这里不做详细介绍）。VEGF 的含量增加后，会促进海马体内新血管的生成，而新血管的生成会让海马体内的神经再生速度加快，让负责记忆的海马体更加健康，人的感觉就会更好。

（3）运动能够引起体内的神经递质增多。

运动还会使人体内的血清素、多巴胺和内啡肽在内的神经递质增多。这些神经递质在情绪调节、动机和奖励机制中发挥着重要作用。研究人员还发现，这种功能对于运动强度的要求很低，无论是散步这种低强度运动，还是跑步、跳绳、举重和 HIIT 这种高强度运动，都会让人情绪变好。

⏮ 三、保持对脑力的"极度吝啬"

在分享完用体能矩阵管理自己的体能从而为充沛的精力打好基础、用三原则和三方法排遣消极情绪后，我们来到了精力管理金字塔模型的第三层：思维层。在这一层，我们需要做的是保持思维的专注和聚焦，尤其要对脑力保持"极度吝啬"。

精力管理金字塔模型的第一、二层强调的是如何获取充沛的精力，

第五章　付诸行动有结果

是一个"开源"的过程；而第三、四层强调的是如何谨慎地使用精力，让精力可以最大化地被使用，减少无效运用和白白浪费，是一个"节流"的过程。

和身体的任何器官一样，大脑的运转也需要能量的支持，但大脑所需的能量更多。研究表明，我们大脑的重量仅占全身组织重量的2%左右，但所需血流量占到了全身总流量的15%，氧气消耗量和能量消耗量占到了全身的25%。研究还发现，当一个人开始阅读和写作时，大脑语言功能区、运动功能区的血流量明显增加；当进行表面看似平静的纯粹思考时，大脑内的血压和血流则要在1秒内完成调节，将充足的血流供给到对应脑区的每个细胞。

永远不要忘记人类的大脑是运动、语言、思维的中枢，人类的一切内在或外在行为都在"争抢"脑力。如何高效使用脑力，在很大程度上决定着我们积攒的精力将流向哪里。

那么，我们应该如何使用和节省脑力呢？那就是要按照本章第三节的内容去行动。有一句话是："注意力在哪儿，精力就流向哪儿。"当我们优先把注意力放在重要事情上时，精力自然也会随之而来，那么用在其他地方的精力就会减少。

美国"学习黑客"博客创始人卡尔·纽波特在他的畅销书、自我管理经典图书《深度工作：如何有效使用每一点脑力》中给出了提升专注度的方法，那就是学会深度工作。

深度工作（Deep Work）是指，在无干扰的状态下专注进行职业活动，使个人的认知能力达到极限。这种努力能够创造新价值，提升技能，而且难以复制。有四个简单的方法可以让我们学会深度工作，并形成习惯。它们是禁欲模式、双峰模式、节奏模式和记者模式。

第一，如果你是一位比较自律的自由职业者，工作时间和业余时间比较灵活、可支配，则"禁欲模式"比较适合你。所谓禁欲模式，指的就是尽可能地切断一切与外界联系的媒介，从物理层面将自己封闭在别人打扰不到也联系不到的地方。对现代人来讲，这一点是非常困难的。因为手机、网络似乎已经是我们生活的"标配"，分毫的"与世隔绝"都会让我们感觉不自在，所以这种模式对自律的要求比较高。因为自律本来就是一个可以习得的技能，所以要多给自己一些信心。

第二，如果你是普通上班族或者有固定作息的创业者，则"双峰模式"也许更加适合你。这种模式要求你将时间以周、月或季的形式分为两段，其中一段时间追求高强度、无干扰的专注，这段时间可参考"禁欲模式"，另一段时间无须太过专注。例如，教师这个职业就非常适合这种模式：超长的暑假是"禁欲模式"的好时段，而上班时间需要处理大量学生的随机问题，并没有办法"与世隔绝"。

第三，如果你认为自己的专注力较差，建议你先从节奏模式来培养深度工作的能力。节奏模式强调的是在每天的固定时间固定做同一件事。大多数人都是早上的精力最好，所以就可以把一些需要很多脑力的活动放在早上和上午来处理，例如，可以将每天早晨起床后的一小时设置成阅读时间或写作时间，并形成自己的节奏；而下午或晚上的脑力往往已经透支，这时就要安排一些运动或者轻松一点的任务，给自己换换脑子。如此一来，形成节奏后，进入深度工作状态的速度就会变得比较快。

第四，记者模式强调的是在任何日程安排中都可以随时插入深度工作的模式。这是从记者这个职业的特性受到的启发：经过训练的高级记者，可以在高强度采访的间隙，随时转入写作模式，因为他们在工作中经常要面对截稿期的催促。也就是说，只要一有空闲时间，就可以在这个时间内立刻进入深度工作模式。但记者模式是很难实现的，

第五章 付诸行动有结果

只有很少一部分人具有这种能力,所以,在培养深度工作模式的初期,不建议大家一上来就采用这种模式。

最后,无论能否进入深度工作模式,都要注意两种情况,那就是尽量避免"无意义的事"和敢于直面那些"不敢拒绝的事"。这两种事都属于"不重要的事情",或许紧急,或许不紧急。例如,频繁地刷朋友圈和短视频,沉浸在游戏和肥皂剧中,就属于无意义的事;而无聊的聚会、低效至极的加班和额外的应酬都属于不敢拒绝的事。你要警惕这些正在争抢有限脑力和精力的事情。

四、寻找人生的终极意义

与精力管理金字塔模型第三层类似,第四层所代表的"意志"是让人找到目标感、使命感,也就是人生的意义。先不要觉得张口就谈意义的话题有点假大空,其实前面我们讲黄金圈法则的时候,已经涉及追寻意义的底层逻辑了,这一部分我们稍微再深入一些。

乔布斯在斯坦福大学做过一个毕业演讲。他说:

> 你的工作将占据生活中很大一部分,你只有相信自己做的是伟大的工作,才能安然自得。如果还没有找到这个东西,你就要继续去找,不要停下来,要全心全意去找。当找到的时候,你就会知道,就像任何一种真诚的关系,随着岁月的流逝,它只会越来越亲密,所以一定要去找,不要停下来。

乔布斯口中的"伟大的工作",不一定是改变世界、踏上月球或者维护世界和平这样的丰功伟绩,而是在强调,每个人都要找寻自己工作的意义、生活的意义和生命的意义。很多人把自己生命的意义定义为:追求幸福。这已经是一个非常了不起的认知了,但我认为这还不够，甚至有点危险。

为什么这么说呢？

因为缺乏意义会让人感受到失落与长期的压抑。

研究表明，如果一个人太在意自己的个人幸福，将自己的幸福作为毕生追求的理想，却不在意自己人生的意义或对他人的奉献，那么他在平时的工作和生活中越容易感到孤单与无助。就好比一心为己的商人非常有可能赚得盆满钵满，但当拥有足够的金钱时，他所面对的可能不是幸福，而是深深的失落，这就是生活缺乏意义的结果。

美国盖洛普公司全球咨询业务负责人、《纽约时报》和《华尔街日报》人气作者汤姆·拉丝，在他的畅销书《你充满电了吗？》中这样写道：

> 科学家还在研究为什么追求幸福反而会适得其反。
>
> 一些实验让参与者阅读虚构的、夸大幸福的好处的文章，故意引导他们更加看重幸福，结果参与者表示感到孤独，他们的唾液样本显示相应的黄体酮水平降低（与孤独相关的一种荷尔蒙反应）。仅仅追求个人幸福会导致你产生无力感。

而与此相关的另一个研究结果让人相当意外（下文同样摘自《你充满电了吗？》）：

> 在芭芭拉·弗雷德里克松一项研究中，当参与者过着幸福但是缺乏意义的生活时（判断标准为追求高于自我的目标），他们将表现出一种和压力有关的基因模式，这种模式会激发炎症反应。这种基因模式和人们面对逆境时的基因模式相同。长此以往，这种模式将导致慢性炎症的发生，而慢性炎症和心脏疾病、癌症等诸多疾病有关。弗雷德里克松指出：

第五章　付诸行动有结果

"空虚的正面情绪，对你的影响几乎和逆境相同。"

不幸的是，在弗雷德里克松的研究中，75%的参与者属于这一类型。他们的幸福水平超过意义水平。相反，过着有意义的生活的参与者，不论他们是否认为自己是幸福的，都表现出了对上述与压力有关的基因模式的排斥。换句话说，他们的身体没有出现长期处于威胁下的反应。

看来，过有意义的生活，身体还能免遭一些疾病的困扰，为自己的精力加分。就像尼采有句名言所说："知晓生命的意义，方能忍耐一切。"任何能够点燃人类精神的事物都有助于全情投入、促进最佳表现。

那么，我们所说的意义到底是什么样的？

很多人都会对人生的意义下不同的定义，而我个人认为：

为了超出个人利益的目标而活着，就是人生的意义所在。

例如，我为结构思考力研究中心订立的使命是改善国人思维，这就是一个超出了个人利益的目标。当然，这个目标究竟是大是小并不重要，重要的是，超出了个人利益。

前文我引用了乔布斯的话，而在这里我介绍一位没有那么知名的"保洁阿姨"：新津春子（父亲是日本人，母亲是中国人）。她是曾经连续两年荣膺全世界最干净机场称号的东京羽田机场保洁员，全日本大厦清洁技能大赛史上最年轻的获奖者。

新津春子的清洁功夫不仅仅是把设施表面看得见的东西清洁干净，平时看不见的部分也是她的清洁范围：除菌、除臭、烘干……越小的细节，她越认真对待。洗手间的干手机，在使用后会产生很多细菌和很大的异味，必须把干手机底下的排水槽好好清理干净才行，哪怕每个槽缝只有一厘米，她也不会留下任何污渍，否则会给过敏的人留下隐患。工作中的新津春子异常较真，例如，在小孩可能碰到的地方绝不使用刺激试剂……"她的工作已经远远超越了保洁工的范围。"

新津春子能把一个薪资平平的保洁工作做成如此有意义的事情，正是因为她在为超出个人利益的事情在劳作，在寻找自己的工作能够给别人带来的价值。

那么，我们怎样才能找到人生的意义呢？

人生的意义不会自动浮现，需要用心寻找。

你可以试着回答以下几个问题：

（1）我最擅长做什么？如果没有特别擅长的事情，也没有关系，可以想象自己拥有某种想要的知识或技能。

（2）我可以用自己最擅长（或将擅长）的事情服务于谁？这个人可以是自己的亲人、朋友、同事，也可以是陌生人；可以是一个人，也可以是一类人或一群人。

（3）他或他们从我的服务（或即将到来的服务）中获得什么？

（4）他或他们是否会因为我的服务（或即将到来的服务）而变得美好？

当你将这些问题一一写出来时，我相信你一定找到了属于自己的答案。

本节精要

精力就是做事情的能力，包括体能、情绪、思维、意志四个方面，逐层递进，彼此促进和影响，可以用体能金字塔来表示。而想要搭建更加稳固的精力管理金字塔，你需要：

（1）通过合理饮食、充足睡眠、积极运动和保持健康确保体能；

（2）用三原则、三方法，调节情绪；

（3）保持对脑力的吝啬，高效使用思维；

（4）找到目标感、使命感，坚定意志。

第五节　避免集体无行动

在前面四节中，我们分享和探讨了如何想干、如何会干、如何有时间干、如何有精力干这四个问题。如果这四个问题都解决了，找到了自己的答案、形成了自己的方法、养成了自己的习惯，那么你个人的行动力应该是爆棚的。但是我们不要忽略另一个问题，那就是个人行动力并不等于集体行动力。

一、旁观者效应导致集体无行动

社会心理学家发现了一个叫作"旁观者效应"的现象。

这个效应的发现要追溯到 1964 年发生在美国纽约的一桩著名凶杀案。

1964 年，美国纽约的一位年轻女子凯瑟琳·吉诺维斯在自家门前被人用刀捅死，犯罪过程共持续 33 分钟，28 岁的受害者全身 13 处穿刺伤，凶手两度往返追杀，三次拿刀捅向她。这不是在什么偏僻的乡村，而是在纽约的街头。《纽约时报》随后刊发头条新闻，宣称在案发过程中共有 38 人耳闻或目击了凶案发生，但均未报警，这件事引发了全美对于都市人情冷漠的大讨论。

虽然时隔 50 多年后，进一步的资料披露和研究表明，当时《纽约时报》的报道其实有很多偏颇之处，当时的记者杜撰了很多细节，并没有进行查证，报道中的内容与警方后来披露出来的资料差异甚大。例如，有些所谓的"旁观者"是因为将罪案误解为一般口角，或者被害人走出视域不知所踪而没有报警等等。从严格意义上来说，清楚了解正在发生的是一桩凶杀案并袖手旁观的只有两个人,而非报道所称的 38 人。但是在《纽约时报》对此做出报道之后,**旁观者效应**这一说法就广为流传,且此案之后,旁观者效应成了心理学的研究课题。之后无数实验都证明,当旁观人数众多时,确实存在旁观者目睹或耳闻不良事件并不加以行动的情况。

例如,有两位科学家在 1969 年做过一项实验:他们让一位女士从受试者所在隔壁的一间办公室假装从椅子上**重重摔下来**,并大声叫喊:"哎呀,我的天呐,我的脚!我不能动啦!"实验结果显示,当只有一位受试者接受测试时,有 70%的人会选择去隔壁查看情况或帮助受害者。如果受试者所在的房间同时有两个人,只有 40%的受试者会选择立即提供帮助。而当受试者人数增加到四个时,就只有 31%的受试者会选择行动。

二、责任分散是旁观者效应的主要原因

研究者表示,旁观者效应出现的原因有很多,其中最重要的就是责任分散。

在管理学界,旁观者效应后来又被称为"责任分散效应"。我们可以这样简单地理解:如果一项任务被要求由一个人单独完成,那么他的责任感就会很强,并且会做出积极的反应和极大的努力。但是,如果同样一项任务要求几个人或一群人共同完成,那么群体中每个人的责任感都会不同程度地减弱。如果此时遇到困难,群体中的人不会像单独面对任务时勇往直前,而会向后退缩。因为他们心中有一个底牌:反正还有其他人,我不上其他人会上,天塌下来自有"高人"顶着。

还记得本书开篇的那个小故事吗?

有一群老鼠开会,研究怎样应对猫的袭击。

第五章 付诸行动有结果

　　老鼠甲说："我建议，趁那只该死的猫在追我们时，故意把它引到老鼠夹旁边，让它被老鼠夹夹到。这样，它以后就再也不能追我们了。"

　　老鼠乙听了，很不以为然，就站起来说："这个办法对我们很危险，万一还没跑到老鼠夹边，就先被它吃了怎么办？所以我认为，趁它睡着时，拿火去烧它是最好的办法。"

　　一只被公认为聪明的老鼠提出："不，这个办法对我们也有危险。我有一个最好的办法，就是趁它睡着时，在它脖子上挂上一个铃铛。这样，猫行走的时候，铃铛就会响，听到铃声的老鼠不就可以及时跑掉了吗？"

我用这个故事的本意是为了引发大家思考什么才是高效执行，但放在这里也一样适用。你可以试着换位思考一下：如果你是其中一只老鼠，你会欣然接受给猫挂铃铛的任务吗？显然不会。那么，这群老鼠中谁会愿意？可能没有。这也是一种集体无行动现象。

再如，我们都非常熟悉的《三个和尚》的故事：

　　山上有座小庙，庙里有个小和尚。他每天挑水、念经、敲木鱼，给观音菩萨案桌上的净水瓶添水，夜里不让老鼠来偷东西，生活过得安稳自在。不久，来了个高和尚。他一到庙里，就把半缸水喝光了。小和尚叫他去挑水，高和尚心想一个人去挑水太吃亏了，便要小和尚和他一起去抬水，两人只能抬一只水桶，而且水桶必须放在扁担的中央，两人才心安理得。

　　这样总算还有水喝。后来，又来了个胖和尚。他也想喝水，但缸里没水。小和尚和高和尚叫他自己去挑，胖和尚挑

195

来一担水，立刻独自喝光了。从此谁也不挑水，三个和尚就没水喝。大家各念各的经，各敲各的木鱼，观音菩萨面前的净水瓶也没人添水，花草枯萎了。夜里老鼠出来偷东西，谁也不管。结果老鼠猖獗，打翻烛台，燃起大火。

一个和尚去挑水就有水喝，不挑水就没有水喝，责任全在自己，自然会乖乖去挑水。两个和尚就要面临责任分散的情况，需要进行责任的划分，水桶放在扁担的中间，大家轮流走在前面或走在后面，这就能保证公平。其实，两个人的时候这些问题相对容易解决，三个人就复杂了：责任无法明确落实，积极性不高，最终导致三个和尚没水喝。

那么，我们要怎么克服旁观者效应，避免集体无行动呢？

⏮ 三、责权明确可以避免旁观者效应

尽可能做到"责权明确"是避免旁观者效应的好方法。

1. 目标的拆解是确保责任到人的基础

在本书第三章，我们详细探讨了目标拆解的方法、制订计划的方法。当时我们说，目标拆解的根本目的是为了方便管理和促进达成、拆解是目标管理的重要组成部分、拆解是目标达成的必经之路、拆解的根本目的是更好的执行，不仅将企业这个大目标逐级细化到部门目标、个人目标，还学会了使用任务分解法，把任务分解成细小的交付物、工作包或职能包。

目标伴随着责任，目标的拆解等同于责任拆分。所以当我们把目标拆解和计划制订做好以后，就可以确保责权明确。

第五章　付诸行动有结果

2. 不设置共同责任人是贯彻责任到人的原则

你是否遇到过类似的问题：你或你的领导，在微信群中发表了一下对某方案或某项目的意见后，询问大家的意见，往往无人应答，只好"圈一个人"，往往会立即得到回复。

很多企业和组织内部有非常完善的目标管理制度，但他们依旧做不好责权明确的原因在于：总喜欢在目标已经被拆解到个人层面之后，再设置一些"共同责任人"。他们认为人多力量大，这句话在某些场景下是一句真理，但对于责权明确往往是不利的。

例如，一件事情已经确认由 A 同事进行处理，但是要么领导怕他出现纰漏或者做得不够完善，为他找了一个协作者，要么需要与其他人或其他部门协同完成，需要他人的配合，此时领导会有意无意地表现出："你们所有人都要为这件事情负责。干得好，所有人都有奖励，干不好，所有人都将遭受惩罚。"这就是没有做到权责明确。面对这种事情，需要非常明确地指定由 A 负责，他有权力请求他人的帮助和配合，他人是否帮忙和配合要看他自己的工作能力，看他是否能调动大家。如果最后出了问题，责任应该由 A 来承担。

领导和下属之间的关系也是如此。上级接受了任务、承担了责任，这个任务要向下级拆解、责任也会向下级传递，但下级如果没有把任务完成，下级就要承担他的责任，而分配任务的上级也要承担自己的责任。所以从某种意义上来讲，上下级的关系也不是共同责任人，而是分级责任人。

▌本节精要

导致集体无行动的主要原因是旁观者效应，即当旁观人数众多时，因为成立了事实上的"责任分散",确实存在旁观者目睹或耳闻不良事件并不加以行动的情况。引申到目标执行上,集体无行动和旁观者效应也就成立了,**避免这种现象的关键是要避免责任分散**。

第六节 注意检查和纠偏

至此,我分享了明确目标、拆解目标的方法,盘点资源的方法,制定任务的方法,有效动员、有效学习、管理时间和精力的方法。如果这些你都做到了,你就可以愉快地开启自己的任务,并且沉浸其中,大概率可以达到想要的结果。但是,如果想要精益求精,整个目标的落实还需要过程中的一些检查和纠偏。

在管理学中有一个非常著名的 PDCA 模型,或者叫 PDCA 循环、戴明环。它是美国管理学家戴明博士提出的管理模型。其中,PDCA 分别对应着 Plan(计划)、Do(执行)、Check(检查)和 Act(处理)这四个英文单词的第一个字母。PDCA 模型告诉我们,做一件事,在有了目标和计划并照此去执行后,还要在过程中进行检查、发现问题、处理问题,并对下一步行动产生积极的影响,这样才算完成 PDCA 的一个循环。

P 和 D 两步,我们在前面已经高效地做完了,而 C 和 A 两步就是一个非常必要的"纠偏"过程。其中:

C 主要是在计划执行过程之中或执行之后,检查执行情况,查看是否符合计划的预期结果,分清哪些对了、哪些错了,明确效果,找出问题。

A 对检查的结果进行处理,一方面对成功的经验加以肯定,并予以标准化;另一方面对偏离目标的部分进行纠正,对失败的教训也要及时总结,并引起重视。

第五章　付诸行动有结果

检查可以发现问题

在《辞海·语词卷》中，检查的定义是"为了发现问题而用心查看"，所以发现问题是检查的要义。

在执行过程中，我们要发现什么问题呢？问题有两个：第一个问题是，目标是否合理；第二个问题是，执行过程是否偏离目标。我们在前文中把执行力比喻成构建目标到结果的桥梁或者从目标向结果行驶的航船。其中，目标是否合理意味着你是否有建造这座桥梁的能力、资源，或者你的航船是否有从目标到结果所需的续航能力、抗风浪能力等；过程是否偏离目标意味着如果方向错了，再多努力都是白费。

在现实生活中，确实有很多主张"放任自流"的管理学派或个人，他们不在意检查这个过程的理由是，相比停下脚步细心思考，不如把更多的时间和精力用在执行本身更有成就感。

例如，我的一个朋友曾经因为过度肥胖而下定决心要为了健康而减肥。他为了自己的健康目标制订了非常详细的饮食规划、运动计划，并且他是一个极其有毅力、有耐心的人。在此后很长一段时间里，他尝试了很多运动方法，最后迷上了跑步。他不仅为自己设置了晨跑、夜跑这样的常规跑步项目，甚至还频繁地参与半马这样的业余马拉松项目，据说还取得了不错的成绩。好消息是他的身体已经不再处于肥胖状态了，坏消息是他在长时间的超出自己承受范围的跑步过程中损伤了膝盖。如果我朋友的目标仅仅是减肥，那么他的结果还是不错的，但他最初提出的目标是为了健康，减肥仅仅是手段。当以健康为目标的时候，他的行为就已经偏离了目标本身。

又如，一家 IT 公司在年中总结时发现，其下属的一家分公司已经实现了全年的营业额，所以就认为这家分公司已经达成此地区的产品推广目标了。到年末时才发现，这家分公司的营业额里有超过一半不是来自总公司给它的新产品，而是分公司自己挖掘的一些大客户的其他需求。虽然从营业额的角度讲，这家分公司超额完成了"任务"，但是它并没有完成总公司制定的新产品推广目标。

不仅如此，我们个人的学习目标、生活目标等，如果没有设置检查制度或者检查制度没有得到很好的执行，都有可能造成行动的拖延或对结果产生不利的影响。很多研究表明，如果在学校里不设置考试，那么几乎所有学生的学习进度和学习效果都会大打折扣；能够坚持每天站在体重秤上量一下的人，更有减肥的动力，减肥成功的概率要比不上秤的人更高。

处理只需重新启动"执行三环"

检查之后，要么一切顺利，没有问题，要么发现问题，解决问题。无论是目标本身有问题还是偏离目标的问题，都可以回到本书开篇所讲的理解这一环上，调整目标、分配资源，最终得到一个新的计划，付诸新的行动（见图 5-17）。具体方法我就不再赘述，大家参照前文即可。

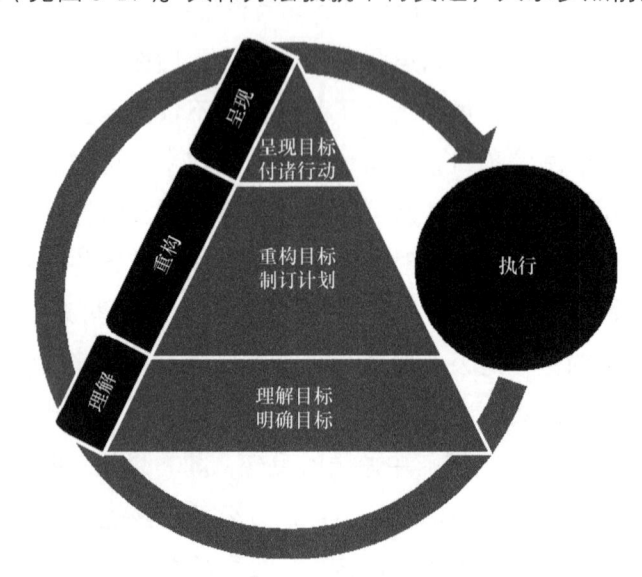

图 5-17　执行三环

第五章 付诸行动有结果

总之，理解目标，明确要达成什么目标；合理进行目标的重构，制定达成目标的路径；从动力、能力、时间、精力等方面做好呈现，就能将目标、计划付诸行动；最后在落实的过程中通过检查发现问题，并再次进入执行三环去解决问题，我们一定能够将目标高效落地、完美达成。

参考文献

[1] 博西迪，查兰，伯克. 执行：如何完成任务的学问[M]. 刘祥亚，等，译. 北京：机械工业出版社，2016.

[2] 罗宾林. 麦肯锡高效执行力[M]. 李旭，编译. 北京：群言出版社，2004.

[3] 柯维. 高效能人士的七个习惯[M]. 高新勇，王亦兵，葛雷蕾，译. 北京：中国青年出版社，2014.

[4] 加维·伯格，约翰斯顿. 领导力思维[M]. 洪云，贾璐瑶，译. 北京：中国友谊出版公司，2018.

[5] 麦克切斯尼，柯维，霍林. 高效能人士的执行4原则[M]. 北京：中国青年出版社，2013.

[6] 石田淳. 从行动开始[M]. 朱悦伟，译. 南昌：江西人民出版社，2016.

[7] 索南沙因. 延展[M]. 仝琳，译. 北京：中信出版集团，2018.

[8] 戴钊. 自我教练：迈向自我实现之路[M]. 北京：机械工业出版社，2015.

[9] 张军. 管理365：为团队及个体赋能[M]. 北京：人民邮电出版社，2021.

[10] 王潇. 五种时间：重建人生秩序[M]. 北京：中信出版集团，2020.

[11] 邰军. 目标管理：写给中层经理人的工作目标管理宝典[M]. 北京：电子工业出版社，2019.

[12] 皮切尔. 战胜拖延症[M]. 金波，译. 武汉：湖北教育出版社，2014.

[13] 富田和成. 高效PDCA工作术[M]. 长沙：湖南文艺出版社，2018.

[14] 姚琼. 每个人的OKR[M]. 北京：中信出版集团，2020.

参考文献

[15] 桦泽紫苑. 为什么精英都是时间控[M]. 郭勇, 译. 长沙: 湖南文艺出版社, 2018.

[16] 斯涅克, 米德, 多克尔. 如何启动黄金圈思维[M]. 杭州: 浙江人民出版社, 2019.

[17] 克璐斯. 终结拖延症[M]. 陶婧, 等, 译. 北京: 机械工业出版社, 2011.

[18] 诺特伯格. 番茄工作法图解: 简单易行的时间管理方法[M]. 大胖, 译. 北京: 人民邮电出版社, 2011.

[19] 速溶综合研究所. 如何把一天过成48小时: 职场第一课·时间管理[M]. 北京: 中信出版集团, 2018.

[20] 洛尔, 施瓦茨. 精力管理: 管理精力, 而非时间[M]. 北京: 中国青年出版社, 2015.

[21] 纽波特. 深度工作[M]. 宋伟, 译. 南昌: 江西人民出版社, 2017.

[22] 拉思. 你充满电了吗? [M]. 清浅, 译. 南昌: 江西人民出版社, 2016.

[23] 沃克. 我们为什么要睡觉[M]. 田盈春, 译. 北京: 北京联合出版公司, 2021.

[24] 河森堡. 进击的智人[M]. 北京: 中信出版集团, 2019.

[25] Sapolsky R M. Behave: The Biology of Humans at Our Best and Worst[M]. Penguin books, 2017.

[26] 史密斯. 高效能人士的时间和个人管理法则[M]. 北京: 中国青年出版社, 2013.

[27] 兰德尔. 时间管理[M]. 舒建广, 译. 长沙: 湖南文艺出版社, 2021.

[28] 扎哈里亚德斯. 高效清单工作法: 聪明人的无压时间管理手册[M]. 胖子邓, 译. 北京: 机械工业出版社, 2019.

[29] 布兰佳, 约翰逊. 一分钟经理人[M]. 周晶, 译. 海口: 南海出版社, 2009.

[30] 麦格雷戈. 大英博物馆世界简史[M]. 余燕, 译. 北京: 新星出版社, 2017.

[31] 布朗尼. 超级精力管理术: 你的精力管理决定你的人生层次[M]. 陈艳, 译. 北京: 人民邮电出版社, 2016.

[32] 弗契多. 情绪是什么[M]. 黄珏苹, 译. 杭州: 浙江人民出版社, 2018.

版权课程产品体系与服务体系

以结构思考力®为核心的产品体系

产品体系：结构思考力®系列版权课程为 4 门独立的版权课程，以"改善国人思维，提升企业沟通效率"为目标。

	结构思考力®——透过结构看思考表达	2天	• 口头及文字表达，更明确严密，有效说服他人 • 结合实际工作场景案例，现场产出工作报告、方案等
	结构思考力®——透过结构看问题解决	2天	• 能够对"问题"进行系统思考，并找到解决方案 • 找到解决问题的"关键逻辑"，设计可行的方案，制定实施计划
	结构萃取力®	2天	• 萃取优秀岗位经验，减少优秀经验流失 • 掌握萃取方法论，成为组织经验"中转站"
	结构领导力®	2天	• 掌握打开"双轮驱动"密钥，进行理性决策 • 掌握不同场景下的关键管理技能，推动并完成各项任务

服务体系：线上线下相结合的系统化"思考力"解决方案。

结构思考力研究中心服务体系包括视频课、训练营等线上产品，以及公开课、内训、学习项目、版权认证等线下课学习形式，逐步形成了以高质量的培训课程为基础，以高切合的师资团队为核心的产品结构和服务模式，为客户提供优质解决方案。

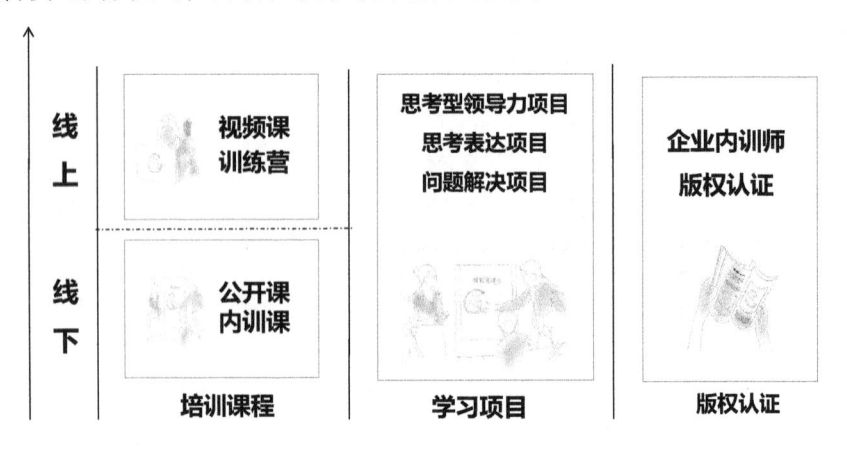

	线上	线下	
	视频课 训练营	公开课 内训课	培训课程
	思考型领导力项目 思考表达项目 问题解决项目		学习项目
	企业内训师 版权认证		版权认证

反侵权盗版声明

电子工业出版社依法对本作品享有专有出版权。任何未经权利人书面许可，复制、销售或通过信息网络传播本作品的行为；歪曲、篡改、剽窃本作品的行为，均违反《中华人民共和国著作权法》，其行为人应承担相应的民事责任和行政责任，构成犯罪的，将被依法追究刑事责任。

为了维护市场秩序，保护权利人的合法权益，我社将依法查处和打击侵权盗版的单位和个人。欢迎社会各界人士积极举报侵权盗版行为，本社将奖励举报有功人员，并保证举报人的信息不被泄露。

举报电话：（010）88254396；（010）88258888
传　　真：（010）88254397
E-mail：　dbqq@phei.com.cn
通信地址：北京市万寿路 173 信箱
　　　　　电子工业出版社总编办公室
邮　　编：100036